AF452721

BIBLIOTHÈQUE

DES ÉCOLES ET DES FAMILLES

MAHOMET

PAR

PAUL LEHUGEUR

Ancien élève de l'École normale supérieure, professeur agrégé
d'histoire au lycée Charlemagne.

PARIS

LIBRAIRIE HACHETTE ET Cie

79, Boulevard Saint-Germain, 79

1884

MAHOMET

MAHOMET

L'œuvre de Mahomet compte parmi les plus étonnantes de l'histoire : il a fondé une des grandes religions de l'humanité, et les Arabes, ses disciples, lancés par lui à la conquête du monde, ont régné sur un empire immense et menacé un instant l'Europe chrétienne.

Avant Mahomet, le nom d'Arabes désignait seulement les habitants de l'Arabie ; il s'applique aujourd'hui à des millions d'Asiatiques et d'Africains : c'est que les Arabes, devenus un peuple, sont sortis de l'Arabie et se sont répandus de tous côtés ; ils forment une grande partie de la population en Égypte et dans la Tripolitaine ; ils sont nombreux en Tunisie, en Algérie, au

Maroc ; enfin ils ont exercé une si grande influence autour d'eux, qu'ils ont imposé leur religion aux indigènes de l'Afrique du Nord et à la plupart des peuples de l'Asie occidentale, Syriens, Perses, Afghans et Turcs. Après le brahmanisme et le bouddhisme, que professent environ la moitié des hommes, après le christianisme, qui est la religion des peuples civilisés, la religion de Mahomet ou islamisme est la plus répandue sur la terre : elle compte environ 160 millions de croyants, appelés mahométans ou musulmans.

L'ARABIE

L'Arabie, cinq fois grande comme la France, est une vaste presqu'île, bornée par les déserts de Syrie, le golfe Persique, la mer des Indes et la mer Rouge. Elle forme un vaste plateau, assez élevé au-dessus du niveau de la mer; ce plateau est bordé de montagnes arides, qui longent de près la côte; la chaleur est insupportable dans la plaine étroite qui sépare la montagne de la mer; elle diminue à mesure qu'on s'élève, et le plateau serait tout à fait habitable s'il était mieux arrosé; mais comme il y tombe très peu de pluie, et que les montagnes ne sont pas très élevées, les rivières sont rares et maigres. Entre les vallées s'étendent d'immenses espaces absolument desséchés: un seul animal y vit, le lézard; une seule

plante y pousse, la coloquinte empoisonnée;
le voyageur y chercherait en vain une chau-
mière pour y passer la nuit, une source pour
étancher sa soif, un arbre pour s'abriter du
soleil. La terre est réduite en une poussière
que soulèvent les vents, et quand la tem-
pête se déchaîne, le jour se change en nuit,
le sol s'agite comme les flots de la mer, et
les caravanes surprises périssent étouffées
dans le sable. De pareils déserts sont des
barrières aussi difficiles à franchir que les
montagnes mêmes, et l'homme ne pourrait
les traverser, si la nature ne lui avait donné
le cheval arabe, rapide à la course, et le chameau, dur à la fatigue. C'est grâce à ces
précieux auxiliaires que les Arabes peuvent
aller d'une vallée à l'autre, et qu'il se fait
quelques échanges de marchandises. Ces
vallées, riches en puits, sont aussi fertiles
que le désert est stérile : elles produisent
en abondance les dattes, les figues, les gre-
nades; elles sont tempérées, salubres et
bien peuplées; mais elles sont sans issue

CAMPEMENT D'UNE CARAVANE EN ARABIE.

vers la côte, comme elles sont sans communi-
cations entre elles : leurs minces ruisseaux, au lieu de se grossir d'affluents et de
se jeter dans la mer comme nos fleuves
d'Europe, s'affaiblissent rapidement et
finissent par disparaître dans le sol, où ils
forment des lignes de puits plus ou moins
longues, avant de se perdre entièrement.
De telles vallées ne conduisent nulle part
et ressemblent plutôt à des impasses qu'à
des routes.

Il n'est pas étonnant que les habitants de
l'Arabie diffèrent des autres peuples : ils
ont autour d'eux le désert, la montagne
et la mer, qui les séparent du reste du
monde, et ils sont eux-mêmes isolés les
uns des autres ; il est naturel qu'ils soient
taciturnes et sombres comme les gens qui
vivent enfermés, et l'on comprend qu'ils
aient eu le goût des voyages et des con-
quêtes.

L'état de l'Arabie avant Mahomet montre
aussi comment il a pu réussir. L'Arabie ne

formait pas une patrie : elle était divisée en peuplades à demi sauvages, souvent en guerre les unes contre les autres ; de futiles querelles dégénéraient en combats sanglants ; le vol d'un cheval ou d'un chameau devenait l'origine de haines et de vengeances séculaires.

La religion des Arabes se ressentait aussi de leurs divisions : chaque tribu adorait des divinités particulières, représentées par des idoles, c'est-à-dire par des statues informes ou simplement par des pierres.

Cependant les Arabes, si divisés et si barbares qu'ils fussent, professaient quelques croyances communes et d'un ordre plus élevé : autrefois ils avaient adoré le même Dieu que les Juifs leurs voisins, et ils conservaient quelques souvenirs de leur ancienne religion : ainsi ils gardaient précieusement une pierre noire, qui avait été, disaient-ils, rapportée par Adam du paradis terrestre ; ils croyaient fermement que la *Caaba*, leur sanctuaire le plus vénéré, avait été construite des propres mains d'Abraham ; ils montraient, et leurs descendants montrent encore aujourd'hui, un fragment de roche qui lui avait servi d'escabeau pour travailler ; une source voisine était à leurs yeux celle que l'archange Gabriel avait fait jaillir du sol pour sauver Ismaël et Agar mourant de soif dans le désert.

A côté de ces restes de la religion juive étaient venues se placer dans leur esprit quelques idées chrétiennes : des missionnaires avaient parcouru le pays en prêchant l'Évangile, et des Abyssins venus d'Afrique avaient introduit le christianisme dans la partie de l'Arabie appelée l'Yémen.

Les Arabes, tout en adorant des fétiches, avaient donc en même temps au fond de l'âme une notion vague d'un dieu unique : leur principale ville, la Mecque, était comme un rendez-vous sacré où ils venaient, au moins une fois pendant leur vie, prier en

commun dans le temple de la Caaba ;
chaque tribu y avait ses idoles particulières,
de sorte qu'on y trouvait près de quatre
cents dieux d'origine diverse : mais ce n'é-
taient pas des dieux ennemis les uns des
autres, et les Arabes les plus éclairés n'y
voyaient que les symboles variés d'un Dieu
invisible, infini comme le désert, haut
comme le ciel, bienfaisant comme l'eau
fraîche des sources.

L'Arabie était encore trop barbare pour
former une nation unie et forte ; mais les
différentes tribus s'entendaient une fois
chaque année pour conclure une trêve
générale de quatre mois, et pour organiser
à la Mecque une grande foire, à l'époque
du pèlerinage. Et ce n'était pas seulement
une réunion de marchands et d'acheteurs :
les parents et les amis qui habitaient loin
les uns des autres y passaient quelques
jours ensemble. Les chefs de tribus enne-
mies s'y rencontraient, échangeaient leurs
prisonniers et quelquefois se réconciliaient.

Enfin cette assemblée était la grande fête des Arabes : ils se réunissaient en foule dans la vallée d'Okhad, disposée en amphithéâtre, et là ils assistaient en silence non à des combats sanguinaires, mais à des concours de poésie, et les beaux vers à la rime sonore étaient plus doux à leurs oreil-les que la musique la plus harmonieuse. Les poètes célébraient surtout l'héroïsme des guerriers, la beauté des femmes, la fraîcheur de l'ombre et la limpidité des ruisseaux ; les poèmes qui avaient obtenu le prix étaient copiés en lettres d'or sur une longue toile de lin, qu'on suspendait dans le temple de la Mecque. Ces luttes courtoises, dont les champions étaient des poètes, apaisaient bien des haines, et les hommes assis côte à côte pour écouter des vers s'apercevaient peu à peu qu'ils étaient frères les uns des autres.

Ainsi les Arabes n'étaient ni assez idolâtres ni assez sauvages pour ne pas s'élever quelquefois à la notion d'un Dieu unique et d'une patrie commune. Ce n'est pas diminuer le génie de Mahomet que d'expliquer son œuvre; on peut la comparer à un grand édifice dont il a été l'architecte, mais il faut reconnaître qu'il a trouvé des matériaux préparés.

MAHOMET

Mahomet naquit à la Mecque vers l'an 570 après Jésus-Christ. Les auteurs arabes le font descendre d'Ismaël, fils d'Abraham et d'Agar; ce qui est sûr, c'est qu'il appartenait à la grande famille des Coréischites, dont une branche gouvernait la Mecque, mais ses parents étaient pauvres, et son père, en mourant, ne laissa, dit-on, pour tout bien que cinq chameaux et une esclave éthiopienne.

Mahomet fut orphelin dès l'enfance : né deux mois après la mort de son père Abd-Allah, il perdit sa mère Amenah avant l'âge de raison; son grand-père, qui se chargea de lui, mourut deux ans après, et Mahomet, âgé de huit ans, fut recueilli par son oncle Abou-Taleb, qui était à la fois commerçant et chef des Coréischites.

Pendant plusieurs années, l'enfant fut employé à garder les troupeaux de son oncle, et il prit pour toujours l'habitude de la méditation, comme il arrive à ceux qui vivent dans la solitude. Plus tard les poètes racontèrent qu'un jour deux anges descendus du ciel s'étaient jetés sur le petit berger, lui avaient enlevé le cœur pour le purifier de toute souillure, et le lui avaient ensuite replacé dans la poitrine avec le don de prophétie.

Quand Mahomet fut en âge de supporter la fatigue, Abou-Taleb l'emmena quelquefois avec lui dans ses voyages. Une tournée de marchand était en Arabie une sorte de petite expédition : le désert était infesté de brigands qui guettaient les caravanes ; il fallait être prêt à les repousser par la force, et le commerçant qui voyageait avec ses serviteurs ressemblait à un capitaine à la tête d'une troupe de soldats. C'est ainsi que Mahomet, en escortant son oncle,

fit à la fois l'apprentissage du commerce et
des armes. Une sorte de ligue des honnêtes
gens venait de se former pour protéger les
faibles et faire la guerre aux bandits, « tant
qu'il y aurait une goutte d'eau dans
l'Océan ». Mahomet fut un des principaux
membres de cette association et paya vail-
lamment de sa personne.

Esprit curieux et observateur, Mahomet
s'instruisait beaucoup dans ses voyages :
il étudiait avec passion les mœurs, les
langues et surtout les croyances des pays
qu'il traversait ; il connut le paganisme en
Perse et le judaïsme en Palestine ; un
moine de Syrie lui révéla le christianisme.

A l'âge de vingt-cinq ans, Mahomet était
beau et robuste, estimé de tous pour sa générosité et pour son courage ; on l'appelait
l'homme sûr et fidèle ; sa parole était d'une
éloquence entraînante, et ses mâles poésies avaient plusieurs fois, à l'assemblée
d'Okhad, transporté les Arabes d'admira-
tion. Tant de qualités séduisirent le cœur

d'une jeune et riche veuve, nommée Khadidja; Mahomet l'épousa et sembla se con-
sacrer uniquement à sa famille; la richesse
ne l'avait pas rendu orgueilleux: il en usait
pour élever ses enfants et pour soulager les
pauvres; il entoura de soins et d'affection
la vieillesse d'Abou-Taleb, dont il adopta
à son tour le jeune fils Ali.

Jusqu'à l'âge de quarante ans (610), rien
ne fit pressentir la grandeur de sa destinée
future. Mais il avait au cœur des projets immenses: donner aux Arabes une religion
commune, les tirer de la barbarie et les
transformer en une nation invincible qui
dominerait le monde. A force de rouler
dans son esprit ces vastes pensées, il finit
par se persuader qu'elles lui étaient inspi-
rées de Dieu; il se retira dans la montagne
pour s'y livrer à la méditation, et il eut
bientôt des extases et des visions.

Les Arabes racontent qu'une nuit, comme
il était entré dans une caverne, sur le mont
Hira, il aperçut tout à coup dans les téné-

bres une blancheur éblouissante : c’était l’archange Gabriel qui se montrait à lui de nouveau pour lui dicter les décrets de Dieu : « Regarde ce livre, et lis, » dit l’archange : « Je ne peux pas lire, » répondit Mahomet ; alors l’ange le saisit par les cheveux et le jeta à terre par trois fois : « Lis maintenant, au nom de ton Seigneur tout-puissant, qui a tout créé, au nom de ton Seigneur qui enseigne à l’homme ce que l’homme ne sait pas. » Mahomet lut le livre, qui était le livre de la sagesse, et se promit d’en écrire un semblable pour l’humanité.

L’archange avait disparu, mais du ciel tomba une voix qui disait : « Mahomet, tu es le prophète de Dieu. »

Khadidja fut la première à croire en lui : « Tu n’es pas seulement un poète, lui dit-elle ; c’est Dieu qui t’inspire, et il ne laissera pas son œuvre incomplète. » Après Khadidja, les premiers disciples du prophète furent un enfant et un esclave : l’enfant, âgé de dix ans, était Ali, fils d’Abou-Taleb ;

l'esclave, qui appartenait à Mahomet, s'appelait Saïd : il reçut de son maître la liberté et devint un de ses plus fervents disciples. Voltaire, dans sa tragédie de *Mahomet*, l'a mis en scène sous le nom de *Séide*, et depuis le siècle dernier ce mot veut dire sectaire fanatique, capable de commettre un crime par zèle religieux.

Abou-Bekr, qui fut le quatrième à se convertir, était un des premiers magistrats de la Mecque; l'exemple d'un personnage aussi important entraîna quelques habitants, surtout des pauvres, et les nouveaux adeptes, trop peu nombreux encore pour s'assembler publiquement, commencèrent par former une société secrète. Mahomet leur enseignait dans un langage sublime qu'il n'y a qu'un Dieu, Allah, que l'homme est responsable de ses actions, qu'il possède une âme immortelle, et qu'il reçoit après la mort le châtiment de ses crimes ou la récompense de ses vertus. Toutes ces belles vérités, qu'il empruntait aux juifs et aux chrétiens, eussent été autant d'hérésies pour les prêtres de la Mecque, et la religion nouvelle eût été détruite dans son germe, si elle n'eût grandi d'abord dans l'obscurité.

Au bout de deux ans, en 614, Mahomet crut le moment venu de prêcher publiquement sa doctrine aux Arabes, en attendant qu'il l'imposât aux autres hommes. Il réunit dans un grand repas ses parents et ses fidèles : « Qui de vous, s'écria-t-il, veut être mon frère, mon lieutenant et mon calife? » Les convives, effrayés de la grandeur de l'entreprise, se regardèrent les uns les autres en silence ; alors Ali, qui n'avait encore que douze ans, se leva et dit : « Prophète, c'est moi qui serai cet homme, et s'il se trouve quelqu'un pour te résister, je lui briserai les dents, je lui romprai les jambes, je lui arracherai les yeux et je lui fendrai le ventre. » L'attitude déterminée d'Ali contrastait avec sa jeunesse, et plusieurs des assistants accueillirent en riant ses paroles ; mais Mahomet l'embrassa avec effusion, et le présenta à l'assemblée en disant : « Voici mon frère, mon lieutenant et mon calife ; respectez-le et obéissez-lui à partir de ce jour. »

Mahomet, sans chercher d'autres appuis, entreprit de détruire l'idolâtrie. Autant les idoles mêmes étaient peu dangereuses, en dépit de leur nombre, autant les prêtres de la Caaba étaient des ennemis redoutables : ils accusèrent Mahomet d'imposture, et excitèrent contre lui la multitude fanatique : ils s'écartaient de lui avec horreur comme d'un lépreux ou d'un criminel ; des bandes de femmes et d'enfants le suivaient dans les rues en criant, et quand il ouvrait la bouche pour parler, la foule lui couvrait la voix par des injures ; les plus acharnés lui jetaient des pierres. Les prêtres n'osaient pas s'attaquer à sa vie, par crainte d'Abou-Taleb, qui, sans adhérer aux doctrines de son neveu, lui conservait néanmoins toute sa tendresse ; mais ils se vengèrent sur les

plus faibles de ses disciples, et plusieurs de
ces malheureux, livrés comme jouets à la
populace, périrent attachés sur le sol en
plein soleil, avec une dalle de pierre sur la
poitrine.

Mahomet, impuissant à protéger ses
fidèles, leur conseilla lui-même de se dis-
perser, et leur dit tristement adieu. Les
uns trouvèrent un asile à Yatreb, où les
juifs vivaient en bonne intelligence avec les
idolâtres ; d'autres émigrèrent en Abyssi-
nie, où le peuple était chrétien. Enfin
Mahomet lui-même, avec quarante disciples, sortit de la Mecque et se réfugia dans
la montagne.

Le prophète semblait vaincu ; la mort
d'Abou-Taleb, puis celle de Khadidja,
mirent le comble à son chagrin, et il faillit
tomber dans le découragement ; mais il
sortit de cette crise plus résolu que jamais :
« Je trahirais Dieu, qui m'a instruit, dit-il,
si je renfermais dans un lâche silence les
merveilles qu'il m'a permis de voir et d'en-

tendre ; » puis, à l'exemple de Jésus-Christ,
il choisit douze apôtres et les envoya dans
les différentes parties de l'Arabie pour pro-
pager sa doctrine.

Les prêtres de la Mecque, exaspérés de
tant d'audace, complotèrent de se débar-
rasser de leur ennemi par le meurtre : sa
tête fut mise à prix, et une bande d'assassins
se chargea du crime. Mahomet, averti de
leur approche, monta sur son chameau le
plus rapide et s'enfuit vers Yatreb ; les bandits, après l'avoir en vain cherché dans sa
maison, s'élancèrent à sa poursuite à travers
le désert, au galop de leurs chevaux, et fini-
rent par le rejoindre. Déjà leur chef, qui
marchait en avant de la troupe, abaissait
sa lance en poussant un cri de triomphe,
quand son cheval s'abattit comme par mi-
racle et le fit rouler dans la poussière : la
troupe s'arrêta frappée d'une terreur super-
stitieuse, et rebroussa chemin sans re-
tourner la tête.

C'est de l'entrée de Mahomet à Yatreb, le

vendredi 16 juillet de l'année 622, que date
l'ère des mahométans, ou *hégire*, mot arabe
qui signifie fuite. Ce jour marque en effet
dans la vie de leur prophète le commen-
cement de la période de triomphe. Les habitants d'Yatreb, qui n'aimaient pas ceux
de la Mecque, et qui avaient entendu parler
de Mahomet par ses disciples, le reçurent
avec enthousiasme, et adhérèrent en masse
à sa doctrine : une grande mosquée fut construite pour servir au culte nouveau, et
Yatreb prit le nom de *Médine*, mot qui veut
dire la ville du prophète. L'ère de la persé-
cution était finie, et le proscrit allait réduire par les armes ceux qu'il n'avait pu
persuader par ses prédications.

La première bataille eut lieu en 624,
auprès d'un puits appelé *Beder*; les Coréischites avaient rassemblé plusieurs mil-
liers d'hommes, et ils se flattaient de s'em-
parer de Médine; Mahomet n'avait avec lui
que trois cents hommes, mais tous prêts à
mourir pour leur foi. « Le jour de la victoire

est venu, leur dit-il en lançant une poignée de sable du côté de la Mecque; Dieu s'apprête à combattre pour nous, et son paradis attend ceux qui mourront de leurs blessures. » L'impétuosité des musulmans fut irrésistible : ils jetaient leurs boucliers pour courir plus vite, et leur exaltation leur donnait des forces surhumaines; en un instant l'ennemi fut culbuté et taillé en pièces ; plusieurs des principaux Coréischites furent faits prisonniers et mis à mort sur-le-champ par ordre de Mahomet. « Qui recueillera mes pauvres enfants, lui demandait un d'eux en pleurant ? » — « Le feu de l'enfer! » répondit le vainqueur d'un ton farouche.

La victoire de Beder, qui semblait due à l'intervention divine, eut un immense retentissement dans toute l'Arabie. Un grand nombre de tribus s'empressèrent de faire alliance avec le protégé du ciel; de nouveaux croyants accoururent de toute part, et l'armée musulmane compta bientôt 4000 hommes, divisés en trois corps, que commandaient Ali, Abou-Bekr et Omar.

Devenu aussi puissant que s'il eût été sultan de Médine, Mahomet s'occupa d'améliorer les lois et de rendre les mœurs moins sauvages; ainsi il défendit aux Arabes de traiter les femmes comme des animaux, de les maltraiter et de les enterrer vivantes; il voulut que les filles eussent leur part de l'héritage paternel, et les veuves leur place dans la maison de leurs enfants. « Un baiser donné par son fils à sa mère, disait-il, égale en douceur celui que nous imprimerons sur le seuil du paradis; un homme gagne le ciel aux pieds de sa mère. » L'amour filial, le courage, la charité, la piété ardente, telles étaient les vertus que devaient réunir les musulmans pour mériter le bonheur éternel, et tous les cœurs s'embrasaient d'enthousiasme quand le prophète, d'une voix inspirée, expliquait ainsi à son peuple le mystère de la destinée humaine : « Le jour où éclatera tout à coup la trompette du jugement dernier, les morts sortiront de leurs tombeaux, et seront conduits devant un pont plus étroit qu'un cheveu, plus effilé que le tranchant d'une épée ; les justes, ceux qui ont été pieux, braves et bienfaisants, franchiront ce pont sans peine, et iront sur l'autre rive, sous l'œil de Dieu, au milieu des anges, jouir de la suprême félicité, dans un délicieux jardin, sous des ombrages toujours verts, près de ruisseaux toujours limpides : ils y trouveront ceux qu'ils ont aimés sur la terre ; tous leurs désirs seront comblés, et ils auront pour compagnes de belles épouses aux grands yeux noirs. Quant aux infidèles, qui auront encouru la colère du Seigneur tout-puissant, ils seront chargés de chaînes, enduits de poix, et précipités dans des abîmes de feu, où ils auront pour se désaltérer l'eau bouillante et où ils subiront des tourments sans fin. »

Cependant les habitants de la Mecque n'avaient pas renoncé à la lutte : aidés de plusieurs tribus juives, ils rassemblèrent

une armée nombreuse et remportèrent une
victoire au mont Ohud, en 626 : les musulmans qui tombèrent en leur pouvoir
furent affreusement torturés ; les femmes
des Coréischites se composèrent avec des
oreilles et des nez coupés de hideuses pa-
rures, et l'on vit l'une d'elles se ruer sur
un parent de Mahomet, le déchirer de ses
propres mains et lui dévorer le cœur.

L'armée victorieuse vint bientôt assiéger
Médine ; mais Mahomet avait fait creuser
autour de la ville un fossé profond : les
assiégeants furent repoussés avec de grandes
pertes ; la division se mit parmi eux, et ils
se retirèrent en désordre (627) ; on appela
cette campagne *la Guerre du Fossé* ou de
nations.

Les musulmans voulaient marcher à leur
tour sur la Mecque et ne parlaient que de
vengeance ; mais Mahomet aimait mieux
laisser venir à lui les Arabes que de les
réduire par la force. « Je ne suis pas le
prophète de mes amis, dit-il à ses fidèles

je suis le prophète de l'Arabie entière. »
Et il accorda aux Coréischites une trêve
de dix ans (628).

Les tribus juives, qu'il n'avait pas le
même intérêt à ménager, furent alors
durement châtiées, et Mahomet, maître de
presque toute l'Arabie, put songer à la conquête des autres pays. La première expédition fut malheureuse : Saïd, envoyé
en Syrie, fut enveloppé par une nuée d'ennemis et périt avec la moitié des siens ; les
autres se replièrent sur Médine. Mahomet
prononça un admirable discours en l'hon-
neur des guerriers morts pour leur foi,
et alla porter lui-même à leurs parents, de
maison en maison, de douces paroles et de
religieuses consolations. « Ne pleurez pas,
dit-il, sur le sort de Djafar, qui est tombé
percé de coups et qui a eu les deux mains
tranchées, car Dieu lui a donné deux ailes,
avec lesquelles il plane maintenant dans le
paradis. »

Les Coréischites, aveuglés par leur haine,

s'imaginèrent que leur ennemi était dans une situation désespérée et, comptant sur une victoire facile, ils recommencèrent les hostilités, au mépris de la trève (630). A cette nouvelle, Mahomet marcha sur la Mecque avec 10000 hommes. « Gloire à Dieu, s'écriait avec joie un de ses lieutenants, voici enfin le jour de carnage. » Mais le prophète, qui répugnait encore à verser le sang arabe, contint l'ardeur de ses soldats et leur défendit de rien faire sans son ordre. De grands massacres furent ainsi évités : à peine les habitants de la Mecque eurent-ils aperçu l'avant-garde de l'armée musulmane que tout leur courage tomba : ils se hâtèrent d'ouvrir leurs portes, pour se faire pardonner d'avoir rompu la trève, et Mahomet, revêtu de sa robe verte des batailles, entra triomphalement, à la tête de ses soldats, dans cette ville où il avait subi tant d'outrages (630).

Les Coréichistes croyaient leur dernier moment venu et tremblaient d'épouvante,

mais il ne leur fut fait aucun mal : le
prophète vainqueur pardonna à tous ses

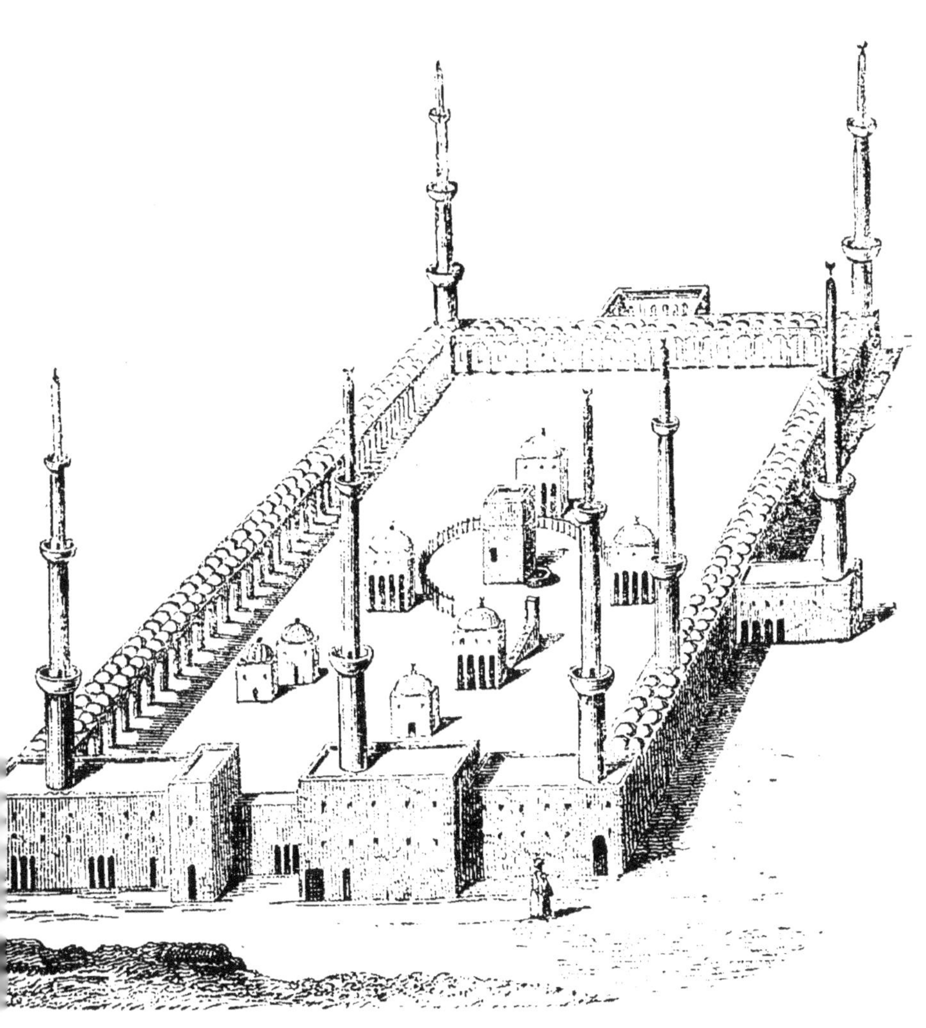

LA CAABA.

nnemis ; il fit grâce à ceux mêmes qui
vaient tué ses plus chers disciples, et

cette habile générosité lui concilia rapidement les habitants de la Mecque. Il tourna toute sa colère contre les idoles de la Caaba. « La vérité est venue, dit-il en les brisant : que la nuit et le mensonge s'évanouissent. Il n'y a pas d'autre Dieu que Dieu, et Mahomet est son prophète. » A partir de ce jour le temple de la Caaba devint la grande mosquée de l'islamisme, et les païens en furent exclus, ainsi que leurs dieux; la Mecque resta la ville sainte des Arabes, mais ce furent désormais les musulmans qui s'y rendirent en pèlerinage. Beaucoup d'hommes, que la crainte seule avait retenus, embrassèrent avec ardeur la religion nouvelle, qui satisfaisait mieux leur esprit et leur cœur que l'antique idolâtrie; de tous les points de la péninsule arrivèrent des vieillards, apportant l'adhésion de tribus entières, et l'année suivante, à l'époque du pèlerinage, 115 000 musulmans se trouvèrent réunis pour chanter les louanges d'Allah et de son prophète.

PÈLERINS ARABES PRIANT DEVANT LES MURS DE LA CAABA.

Les habitants de Médine se réjouissaient du triomphe de leur ami, mais ils se demandaient avec tristesse s'il n'allait pas fixer son séjour à la Mecque. Mahomet revint bientôt les rassurer : « Je ne suis pas un ingrat, leur dit-il : je jure de vivre et de mourir avec vous. » Sa suprême ambition eût été de conduire lui-même les Arabes à la conquête du monde, mais la fatigue et la maladie le contraignaient au repos : « J'ai donné ce que je pouvais donner, dit-il à ses disciples; c'est à vous d'achever mon œuvre. » Il vécut une année encore, adoré de tous, de ses soldats et du peuple, qui voyaient en lui le prophète de Dieu, des pauvres, dont il était la Providence, des petits enfants même, qu'il caressait avec bonté. Il se rendait régulièrement à la mosquée pour y faire ses ablutions et y dire la prière ; enfin jusqu'aux derniers jours de sa vie il dicta à ses fidèles, ou écrivit lui-même sur des feuilles de palmier, des pensées, des conseils, des sentences, des prescriptions de tout genre, dont la réunion devait former le *Coran*, livre étonnant qui est à la fois la Bible, l'Évangile, le Credo et le Code des musulmans.

Quand il sentit l'approche de la mort, il se fit porter à la mosquée pour adresser aux Arabes ses dernières paroles. « Musulmans, dit-il, si j'ai jamais frappé quelqu'un d'entre vous, me voici, qu'il me rende injure pour injure ; si j'ai dépouillé quelqu'un d'entre vous, voici ma bourse ; que personne ne craigne ma colère. » Un homme sortit de la foule pour réclamer une légère somme : « Prends-la, lui dit le prophète : mieux vaut réparer ses torts ici-bas devant les hommes que d'en rougir devant Dieu. »

Rentré dans sa maison, il écrivit encore quelques pensées et quelques recommandations suprêmes, puis il se coucha sur un tapis et rendit le dernier soupir (8 juin 632). Le peuple, averti par Abou-Bekr, ressentit un profond chagrin ; les plus fervents refusaient de croire à sa mort. « Il est allé visiter Dieu, disaient-ils, et il va bientôt nous revenir. » Mais Abou-Bekr se retourna vers eux et dit : « Croyants, écoutez-moi ; si c'était Mahomet que vous adoriez, apprenez que Mahomet est mort et que vous ne le reverrez plus sur la terre. Mais si c'est Dieu que vous adorez, sachez que Dieu est vivant et que lui seul est immortel. »

Obéissant aux ordres de leur prophète, les Arabes s'élancèrent à la conquête de l'Asie et de l'Afrique ; ils entamèrent l'Europe elle-même ; mais l'islamisme n'était pas destiné à régner sur le monde, parce qu'il devait se heurter à une religion supérieure, au christianisme.

FIN

Imprimeries réunies, **B**.

BIOGRAPHIES D'HOMMES ILLUSTRES

CHAQUE VOL. : Broché.............. 15 c.

— Couverture en couleurs. 25 c.

Alexandre-le-Grand	La Pérouse.
Ampère.	Lavoisier.
Arago.	Livingstone.
Beethoven.	Louvois.
Buffon.	Magellan.
Cavour.	Mahomet.
César (Jules).	Michel-Ange.
Charles XII.	Mirabeau.
Christophe Colomb.	Montyon.
Cook.	Mozart.
Cuvier.	Napoléon Ier.
Dante.	Necker.
Daubenton.	Oberlin.
De l'Orme (Philib.).	Palissy (Bernard).
Desaix.	Papin.
Franklin.	Philippe de Girard.
Galilée.	Puget (Pierre).
Gama (Vasco de).	Serres (Olivier de).
Gœthe.	Solon.
Goujon (Jean).	Stephenson.
Gutenberg.	Washington.
Kléber.	Watt.
La Fontaine.	

lation des astres, avec un catalogue complet d'étoiles; par J. E. Bode. *Berlin*, 1782, in-4 obl., fig., cart.

53. Præcipuarum stellarum inerrantium positiones mediæ ineunte seculo XIX ex observationibus habitis in Specula Panormitana ab anno 1792 Adam, 1802. (Operâ Jos. Piazzi).—Atlas céleste, 55 planches grav. par D. Berger, en 1782, in-4 obl. cart. (*texte allemand*).

54. Catalogue de 501 étoiles suivi de tables relatives d'aberration et de nutation; par Ant. Gagnoli. *Modène*, 1807, p. in-4, cart. — Nouv. zodiaque réduit à l'année 1755, avec les autres étoiles dont la latitude s'étend jusqu'à 10 degrés au nord et au sud du plan de l'Ecliptique (par de Seligny). *Paris*, 1755. = Table de la longitude et de la latitude de toutes les étoiles fixes zodiacales suiv. les observat. de Flamsteed; par G. Dheulland, fig. *Paris*, 1767, 2 tom., 1 vol. in-8, bas m.

55. Traité de la sphère. 2 vol., in-4, v. j.

> Manuscrit écrit en 1757; fig. dessinées à l'encre. Il vient de la bibliothèque de Jean Boula de Mareuil, suivant note signée par lui-même en tête.

56. Ductor ad astronomiam et geographiam, vel usus globi cœlestis quam terrestris, per Jos. Moxon. *Lond.*, 1659, fig., in-4, d. r. — The description and use of the globes, and the Orrery, by Jos. Harris, fig. *Lond.*, 1783, gr. in-8, bas. j., fil.

57. Traité de la sphère et du calendrier, par Rivard, édit. revue et augm. par Jérome de Lalande, fig. *Paris*, an vi - 1798, in-8, bas. m. — L'usage des globes céleste et terrestre, et des sphères, par N. Bion. *Paris*, 1751, gr. in-8, v. m.

58. Les usages de la sphère, et des globes céleste et terrestre, précédés d'un abrégé sur les différ. systèmes du monde; par Delamarche. *Paris*, 1821, in-8, fig. et cart., d.-rel. — Description et usage du mécanisme uranographique, ou abrégé élémentaire de Cosmographie; par Charles Rouy, fig. *Paris*, 1816, in-8, d.-r.

58 *bis*. Cométographie ou traité historique des comètes; par Pingré. *Paris*, 1783, in-4, 2 vol., bas. m.

59. Traité de la comète qui a paru en décembre 1743 et janv., févr. et mars 1744; conten. outre les observat. de l'auteur, celles de Cassini et de Calandrini. On y a joint diverses observat. et dissertat. astronomiques; par J. P. Loys de Che-

seaux ; fig. *Laus* , 1744 , in-8 , bas. m. — Des comètes en général , et en particulier de celles qui doivent paraître en 1832 et 35, par M. Arago. *Paris* , 1834 , in-18 , br. — Physique des comètes, dans le sentiment de l'impulsion et du plein ; par le P. Bertier. *Paris* , 1760, fig., in-12, v. m.

60. L'usage de l'astrolabe, avec un petit traicté de la sphère, par Dom. Jacquinot , fig. *Paris* , 1559, p. in-8, mar. cit., fil., d. s. tr. au chiffre du card. de Bourbon. — Usage de l'astrolabe, par Dominique Jaquinot (le titre manq.). = Récréations mathématiques (par Cl. Gasp. Bachet de Méziriac). *Rouen* , 1634 , fig., p. in-8, 4 part., 1 vol. v. br.

61. Collection de différens traités sur des instrumens d'astronomie physiq., etc., par J. H. de Magellan. *Lond.* , 1780, fig., in-4, v. rac. — Description des octants et sextants anglois, ou quarts de cercle à réflexion, avec la manière de se servir de ces instrumens ; par M. J. H. de Magellan. *Paris* , 1775, fig., in-4, v. m.

62. Mém. sur le micromètre de cristal de roche, pour la mesure des distances et des grandeurs ; par Alexis Rochon, avec une instruction par Torelli de Narci. *Paris* , 1807 , in-8 , cart.

63. L'orizonte della longitudine osia la nuova machina, con quale due osservatori osservando gli astri possono calcolare la longitudine, la latitudine, e l'azimuto della nave dell'Ab. Ant. Maria Jaci , fig. *Messina* , 1798, p. in-4, cart.

64. Description of the universal equatorial, and of the new refraction apparatus, much improved by Ramsden , with the method of adjusting the instrument for observations, fig. *Lond.* , 1791 , in-4, d.-r. — An account of the equatorial instrument, by George Shuckburgh. *London* , 1793, fig., in-4, d.-r.

65. Description, use, and method of adjusting hadley's quadrant and sextant ; by G. Adamus, fig. *Lond.* , 1789. — An introduction to practical astronomy ; or, the use of the quadrant and equatorial ; by G. Adams, fig. *Lond.* , 1795, 2 tom. 1 vol. in-8, d.-rel. — The description and use of Hadley's quadrant and sextant, by, J. W. Norrie, fig. *Lond.*, 1809 , in-8, br. = Tables nouvelles de Vénus d'après la théorie de M. de la Place et les élémens de Lindenau calculées par M. Reboul. *Marseille* , 1811 , et 3 autr. en tout 6 pièces in-8, et in-4 , br.

66. The description and use of the Sliding Gunter in navigation, by Andrew Mackay, fig. *Leith*, 1812.—A description of the lines drawn on gunter's scale, as improved by John Robertson, and executed by Nairne and Blunt, with their use and application more especially in navigation and astronomy; by Will. Mountaine; fig. *Lond.* 1778, in-8, 2 tom., 1 vol., cart.

67. Exposition d'une mesure de la terre, d'où il résulte une diminution considérable dans sa circonférence sur les parallèles; par d'Anville. *Paris*, 1735, carte, petit in-12, demi-reliùre. — Mémoire sur la mesure d'un arc du parallèle moyen entre le pôle et l'équateur, par MM. Brousseaud et Nicollet; avec la carte des stations astronomiques, brochure in-8.

68. Grandeur et figure de la terre (par Jacq. Cassini), suite des mémoires de l'acad. des Sciences, année 1718. *Paris*, 1720, fig., in-4, mar. r., tr. dor. (Exempl. de J.-Bapt. Ozanne avec sa signature autographe.) — Base du système métrique décimal, ou mesure de l'arc du méridien compris entre les parallèles de Dunkerque et Barcelone, exécuté en 1792 et ann. suivantes, par Méchain et Delambre; suite des mém. de l'Institut. *Paris*, 1806-10, in-4, 3 vol. bas. rac. — Méthodes analytiques pour la détermination d'un arc du méridien, par J.-B.-J. Delambre, précédées d'un mém. sur le même sujet, par A. M. Legendre. *Paris*, 1799, fig., in-4, d.-r.

On a ajouté une table manuscrite de réfraction, construite dans l'hypothèse de Bradley.

68 *bis*. Mémoires de mathématiques et de physique rédigés l'Observatoire de Marseille (publ. par les P.P. Pezenas, Blanchard et Lagrange), fig. *Avignon*, 1755, 2 part. = Mémoire sur le passage de Vénus le 3 juin 1769, par Delalande. *Paris*, 1769. = Explicat. de la fig. du passage de Vénus sur le disque du Soleil, qui s'observera le 3 juin 1769, avec les résultats du passage observé en 1761 ; par le même. *Ibid*, 1764, carte. = Principes de la montre de M. Harisson, avec les planches relatives à la même montre. *Avignon*, 1767. — Extrait de la réponse de M. Jean Harisson aux remarq. et objections de M. Maskelyne. *Ibid.* 1768, le tout in-4, 1 vol. bas. m.

69. Exposé des opérations faites en France en 1787, pour a jonction des observatoires de Paris et de Greenwich; par Cassini, Mechain et le Gendre. Descrip. et usage d'un nouvel instrument propre à donner la mesure des angles à la précision d'une seconde, fig. *Paris*, 1795, gr. in-4, d.-r. — Mémoire contenant des explicattions théoriques et pratiques sur une carte trigonométrique servant à réduire la distance apparente de la lune au soleil, ou à une étoile en distance vraie, et à résoudre d'autres questions de pilotage; suivi du rapport de l'institut, et accompagné de la carte trigonométrique. *Paris*, 1799, in-4, d.-r., la carte en feuille.

70. Observations astronomiques faites par M. Le Chévalier, manuscrit commençant le 21 juin 1812, et finissant le 7 mai 1813; 1 vol. in-fol., d.-r.

71. Tables astronomiques de Halley, par l'abbé Chappe d'Auteroche, carte. *Paris*, 1754, in-8, v. éc., fil. — Recueil de tables astronomiques perpétuelles et de la table des logarithmes, des sinus, des tangentes et des nombres naturels, à l'usage de la navigation. *Paris*, 1764, in-8, bas. m. — Supplément aux tables de Mezger, ou tables particulières d'aberration et de nutation, pour 252 étoiles, la plupart zodiacales; par Delambre. *Paris*, 1790, in-8, d.-r.

72. Tables générales d'aberration et de nutation; par M. Delambre. *Paris*, 1799, in-4, cart. — Tables astronomiques publiées par le bureau des longitudes de France : du soleil, par Delambre; de la lune, par Bürg. *Paris*, 1806, in-4, d.-r., *précédées de differentes tables manuscrites, dont plusieurs de la main de M. Le Chevalier.*—Tables astronomiques publiées par le bureau des longitudes de France; tables de la lune, par M. Burckhart, *Paris*, 1812, in-4, d.-r. — Ephémérides des mouvemens célestes, pour le méridien de Paris, pendant les 10 années de 1775 à 1784; revu et publié par de la Lande. *Paris*, 1774, fig., in-4, v. m.

73. Tables abrégées et portatives du soleil, calculées pour le méridien de Paris sur les observations les plus récentes, d'après la théorie de M. la Place, par le baron de Zach. *Florence*, 1809, gr. in-8, d.-r. — Correspondance astronomique, géographique, hydrographique et statistique du baron de Zach; fig. *Gênes*, 1822, in-8, d.-r. — Notizie astronomiche adattate all' uso comune da Ant. Cagnoli. *Modena*, 1799, fig., in-12, pap. fort, bas. éc., fil. (tom. 1 unique).

74. Etat du ciel, ou journal de ce qui arrivera de plus consi-

dérable dans le mouvement des astres, par Desplaces, dans les années 1722-1735, fig. *Paris*, 1722-1735, 13 vol., pet. in-12, mar. r., dent. d. s. tr., avec armes. — Etat du ciel, pour les années 1754, 56 et 57, calculé sur les tables de Halley, par le P. Pingré. *Paris*, 1754-1757, mar. r. et v. m., fil., avec armes.

75. De la connoissance des temps depuis 1680 jusques et compris l'année 1736, commencée par Lefebure, Picard, Lieutaud, etc., et continuée par Jaurat, Messier et le bureau des Longitudes. *Paris*, 1680-1833, fig., 140 vol. in-12 et in-8, rel. et broch.

> L'année 1679, la première publiée, manque à notre collection, et l'année 1681 n'est qu'un extrait manuscrit d'une belle écriture. L'exemplaire est celui de M. Messier, qui l'a enrichi de quelques notes manuscrites détachées.

76. Connaissance des temps à l'usage des astronomes, années 1792 et suivantes, jusqu'à 1832 inclusivement. *Paris*, 1790, etc., in-8, 43 vol. rel. et br. Les années ne se suivent pas.

77. Annuaire de l'an IX-1801, calculé pour le méridien du Kaire. *Au Kaire*, imp. nationale, in-8, br.

78. Annuaire présenté au roi, par le bureau de longitudes, pour les années 1821, 23, 24, 27, 31, 34 et 1835. *Paris*, 1820-1834, 7 vol. in-18, br.

79. Ephemerides astronomicæ annorum 1786-1787, ad meridian. Mediolanensem supputatæ ab Angelo de Cesaris. *Mediolani*, 1785, 2 vol.— 1819 et 1821, à Francisco Carlini et Henrico Brambilla, cum appendice. *Milano*, 1818-1820, 2 vol. in-18 br.

80. Ephemerides anni 1757 usque ad annum 1800 ad meridianum Vindobonensem calculis definitæ à Maximil. Hell, et ejus adjuncto R. D. Ant. Mayr, cum appendice, et à Franc. de Paula Triesnecker et Joan. Burg supputatæ, fig. *Vindobonæ*, 1757-1799, 24 vol. in-8, rel., br. et cart.

81. Ephémérides astronomiques de Berlin, observées et publ. par J. B. Bode, pour les années 1776, 77, 82 et 1804. *Berlin*, 1774-1801, 4 vol. in-8, fig., cart.

> Avec des notes de M. Messier et de M. Lechevalier.

82. Monatliche correspondenz, correspondance géographique et astronomique, par de Zach. *Gotha*, 1800-2, fig., in-8, 6 vol. bas. éc. — Tables astronomiques, par Jul. August. Koch. *Berlin*, 1797, gr. in-8, cart. *(En allemand.)*

83. Ephemeris of the distances of the four planets Venus, Mars, Jupiter and Saturn from the moon's center for 1823, together with their places for every day in the years 1822-1823, to which are annected tables for finding the latitude by the Polar Star for 1823, calculated under the direction of H. C. Schumacher. *Copenhagen*, 1821, br. in-4. — Mém. sur les observations météorologiques faites à Francker en Frise pendant le courant de l'année 1779, par J. H. S. Van Swinden. *Amst.*, 1780.══Dissertatio physica et mathematica de montium altitudine, accedit refractionis astronomicæ theoria; auctore Henrico Damen. *Hagæ Com.*, 1783, 2 tom. 1 vol. in-8, bas. jas.

84. L'art de naviger perfectionné par la connoissance de la variation de l'aiguille aimantée, où sont déduits cinq moyens de trouver de combien et de quel côté le compas manque en certains lieux à monstrer les véritables parties du monde, composé par J. Denys, fig. *Dieppe*, 1606, in-8, vél.

85. Hydrographie, conten. la théorie et la pratique de toutes les parties de la navigation, composé par le P. George Fournier, cartes. *Paris*, 1667, in-fol., broché en 3 part.

86. L'art de naviger par les nombres dans lequel toutes les règles de la navigation sont résolues; avec la table des tangentes et secantes et celle des logarithmes; par M. G. Denys. *Dieppe*, 1866, pet. in-8, d.-r. — Astronomie nautique; par de Maupertuis. *Paris*, 1743, in-8, v. fau.

87. Traité complet de la navigation, par Bouguer, fig. *Paris*, 1706, in-4, bas. m. — Nouv. traité de navigation, contenant la théorie et la pratique du pilotage, par le même. *Paris*, 1753, fig., in-4, v. j.

88. Nouv. traité de navigation, conten. la théorie et la pratique du pilotage; par Bouguer; revu et abrégé par Lacaille, fig. *Paris*, 1760, in-8, v. m. — Astronomie des marins (par le P. Pezenas), avec des tables astronomiques et des fig. *Avignon*, 1766, in-8, v. m.

89. Abrégé de navigation hist., théor. et pratiq., par Lalande, fig. *Paris*, 1793, in-4, bas. m. (Hommage de M. Lalande à M. Le Chevalier; écriture et signature autographes de l'auteur.) — Nouvelle voilure, proposée pour les vaisseaux de toutes grandeurs; précédée de lettres à Franklin sur la marine, par David Le Roy; fig. *Paris*, 1801, in-8, cart.

90. The method of finding the longitude at sea, by time-keepers : to which are added, tables of equations to equal altitudes; by Will. Wales, fig. *Lond.*, 1794, in-8, cart. — Tables requisite to be used with the nautical ephemeris for finding the latitude and longitude at sea, published by order of the commissioners of longitude: the 2ᵉ edit. corrected and improved. *Lond.*, 1781, gr. in-8, v. éc.

91. Tables for facilitating the calculations of nautical astronomy, and particulary of the latitude of a ship at sea from two altitudes of the sun, and that of the distances of the moon from the sun or a star, and several other tables useful in astronomy and nagivation; by Jos. de Mendoza Rios. *Lond.*, 1801, fig., gr. in-4, bas. rac.

92. Application du système métriq. décimal à l'hydrographie et aux calculs de la navigation; moyens proposés pour en faciliter l'établissement et tables à cet usage; par C. P. Claret Fleurieu. *Paris*, 1800 gr., in-4, pap. vél. cart. — Mémorial topographique et militaire. *Paris*, 1803, fig., in-8, nᵒˢ 1, 2, 3 et 5, cartonnés.

93. The complete vavigator : or, an easy and familiar guide to the theory and practice of navigation, with all the requisite tables; illustrated with engravings; by And. Machay. *Lond.*, 1810, in-8, bas. fau. — The theory and practice of finding the longitude at sea or land; by And'. Machay. *London*, 1813, in-8, 2 tom., 1 vol. rel. en pap. rou., dent. — The description ad use of the sidling gunter in navigation, by And. Machay, plates. *Leith*, 1812, in-8, pap. vél. cart., angl.

94. The new practical navigator, being a complete epitome of navigation : to which are added, all the tables requisite for determining the latitude and longitude at sea; by John Hamilton Moore; edit. enlarged and carefully improved, by Jos. Dession, fig. *Lond.*, 1810, in-8, bas. rac. — A new and complete epitome of practical navigation, to which added, a new and correct set of tables; by J. W. Norie; fig. *Lond.*, 1814, in-8, bas. m.

95. A complete set of nauticals tables; with several other new and improved tables, by J. W. Norie. *London*, 1813, gr. in-8, v. rac. — Table for determining the apparente time from observed altitudes of the son or a star. *Lond.*, 1818, gr. in-8, bas. rac., deux tables manuscrites ajoutées.

96. Problèmes d'astronomie nautique et de navigation, pré-

cédés de la description et de l'usage des instrumens et suivis d'un recueil de tables nécessaires à la solution de ces problèmes; par C. Guéprate, fig. *Brest*, 1823, in-8, 2 tom., 1 vol., d.-r. — Règles de pointage à bord des vaisseaux, ou remarques sur ce qui est prescrit à cet égard dans les exercices de 1808 et 1811, suivies de notes; par Montgery. *Paris*, 1816, in-8, cart. — Instruction des pilotes; avec une instruction générale sur le pilotage; par Le Cordier. *Hâvre de Grâce*, 1763, in-12, 2 tom., 1 vol. bas. rac., fil.,

97. Guide des marins pendant la navigation nocturne, ou descript. génér. des phares, fanaux, etc. construits pour la sûreté de la navigation; par Coulier, fig. *Paris*, 1829, in-8, br. — Rec. de tables utiles à la navigation; trad. de l'angl. de **J. W.** Norie, précédé d'un traité de navigation pratique; par P. A. Violaine, fig. *Paris*, 1815, gr. in-8, v. rac.

98. Cours d'observat. nautiques, conten. toutes les connaissances d'astronomie relatives aux différens problèmes de navigation; par P. Ducom; fig. *Bordeaux*, 1820, bas. rac.

99. The nautical almanac and astronomical ephemeris, published by order of the commiss. of longitude, for the year 1771-1780, = 1793-1796, = 1805-1806, = 1820-1826. *London*, 1769-1823, in-8, 22 vol., br.

100. The nautical almanach and astronomical ephemeris. *London*, 1766, 1802, 15, 17, 18 et 19, 6 vol. in-8, rel. et d.-r.

101. A Sexagesimal table, exhibiting, at sight, the result of any proportion, where the terms do not exceed sixty minutes, also tables of the equation of second difference, and tables for turning the lower denominations of english money, weights, and measures into sexagesimals of the higher, and vice versa; and the sexagesimal table turned into seconds as far as he 1800 th. column, being a very useful for astronomers, mathematicians, navigators, and persons in trade, by Mich. Taylor. *London*, 1780, gr. in-4, v. rac., rel. angl. — Margett's longitude tables for correcting the effect of parallax and refraction, on distance observed between the moon and the sun, or a fixed star, whereby the true distance is accurately obtaind and the longitude from Greenwich found by inspection. *London*, 1794, gr. in-fol. v. rac., fil., rel. angl.

En tête de l'ouvrage il se trouve 4 pages manuscr. sur l'usage de ces tables, et sur les variat. observ. entre **M.** Margett et **M.** Borda.

102. Méthode universelle, pour faire et descrire toutes sortes de cadrans et d'horloges; par Hume. *Paris*, 1640, fig., in-8, vél. — La gnomonique ou méthode universelle pour tracer des horloges solaires ou cadrans; par de la Hire, fig. *Paris*, 1698, in-12, v. jas. — La manière universelle de Desargues, pour poser l'essieu et placer les heures et autres choses aux cadrans au soleil, par A. Brosse, fig. *Paris*, 1643, gr. in-8, v. m., fil.

103. La gnomonique, où l'on donne par un principe général la manière de faire des cadrans sur toutes sortes de surfaces et d'y tracer les heures astronomiques; par Ozanam, fig. *Paris*, 1720, in-8, v. br. — La gnomonique, ou l'art de faire des cadrans; par Rivard, fig. *Paris*, 1767, in-8, bas. rac.

104. Méthode nouv. et générale pour tracer facilement des cadrans solaires sur toutes surfaces planes, principes et usages du compas et de l'art de vérifier les dates; par de la Prise, fig. *Caen*, 1772, in-8, bas. m. — Gnomonique graphique, ou méthode simple et facile pour tracer les cadrans solaires sur toutes sortes de plans; par Jos. Mollet, fig. *Paris*, 1815, in-8, d.-r.

105. La gnomonique pratique, où l'art de tracer les cadrans solaires; par Dom Fr. Bedos de Celles, fig. *Paris*, 1774, in-8, v. m., avec des notes détachées.

106. Almanach pour trouver l'heure par tous les degrés de hauteur du soleil, pour l'année 1790 (par de Cassini). ═ Lettre de Mme D**** à M. de Cassini. *Paris*, 1770. — Réponse à la lettre de Mme D****═Descript. d'un instrument pour prendre hauteur et trouver l'heure vraie sans aucun calcul; par Cassini de Thury. *Ibid.*, in-4, 1 vol., d.-r.

La réunion de ces pièces est très rare.

107. Entretiens sur l'horlogerie à l'usage de la marine; par Louis Bertrand. *Paris*, 1812, in-12, d.-rel. — L'art de conduire et de régler les pendules et les montres; par Ferd. Berthoud, fig. *Paris*, 1805, in-12, bas. rac. — Etrennes chronométriques pour les ann. 1810 et 1811; par Antide Janvier. *Paris*, 1810-1811, 2 vol. in-18, bas et d.-r.

108. Cours de mathématiques; par Bézout, arithmétique, géométrie et algèbre, mécanique et navigation, fig. *Paris*, 1764 et 69, in-8, 6 vol., v. j. fil, d. s. tr·

109. Cours élém. et complet de mathématiques pures, rédigé par La Gaille, augm. par Marie et éclairci par Théveneau,

fig. *Paris*, 1799, in-8, bas. rac. — Élémens d'arithmétique, d'algèbre et de géométrie, avec une introduction aux
sections coniques; par J. M. Mazéas, fig. *Paris*, 1788,
in-8, bas. rac. — Traité élém. du calcul différentiel et du
calcul integral; par P. S. Lacroix, fig. *Paris*, 1802, in-8,
bas. rac.

110. The young mathematician's guide : being a plain and
easy for the mathematicke, edition carefully corrected; by
John Ward. *Lond.*, 1734, in-8, v. j., r. angl. — Sherwin's
mathematical tables, with the explication and use prefix'd
edition carefully revised and corrected, by Will. Gardiner.
Lond., 1741, gr. in-8, v., rel. angl. à comp.

111. Table des diviseurs pour tous les nombres du 3me mil-
lion, ou plus exactement, dep. 2,028,000 à 3, 036,000,
avec les nombres premiers qui s'y trouvent; par J. Ch.
Burckhardt. *Paris*, 1816, gr. in-4, br., (don de l'auteur
à M. le Chevalier.) — Tables des quarrés et des cubes, et de
leurs racines; par C. Seguin l'aîné. *Paris*, 1801, in-8, d.-r.

112. Tables portatives de logarithmes; par Franç. Callet.
Paris, 1795, in-8, v. rac. de coul., dent. — Tables de logarithmes (par l'abbé Marie). *Paris*, 1792, p. in-8,
bas. rac.

113. Élémens d'Euclide, du P. Déchalles et d'Ozanam, dé-
montrés d'une manière nouvelle et augm. de nouvelles pro-
positions, par Audierne, fig. *Paris*, 1777, in-12, bas,
m. — Usage du compas de proportion; par Ozanam. fig.
Paris, 1748, in-12, v. m. — La trigonométrie rectiligne
et sphérique, avec les tables des sinus, tangentes et secantes
et les tables des logarithmes des sinus et des tangentes, par
Ozanam. *Paris*, 1765, in-8, bas. m.

114. Quattro libri geometrici di Silvio Belli Vicentino, il pri-
mo del misurare con la vista, gli altri sono della propor-
tione et proporzionalità communi passioni del Quanto.
Venetia, 1595, fig., in-4, vél. — Trattado de la geometria
practica, trigonometria, y uso de la regla de proportion,
por Don Sebast. Fernandez de Medrano, fig. *Brusselas*,
1687, p. in-8, d.-r.

115. Géométrie pratique de M. Sauveur, in-4, v. m. *Manuscrit de l'auteur dans lequel il a réuni toutes les planches grav.
par Daigremont, en noir et au lavis, pour l'impression.*

116. Élém. de géométrie, avec un abrégé d'arithmétique et
d'algèbre, par Rivard, fig., *Paris*, 1739, in-4, v. m. —

Leçons de géométrie théoriq. et pratiq., par Mauduit, fig.
Paris, 1790, in-8, bas. rac.

117. Géométrie du compas; par L. Mascheroni, trad. de
l'ital. par A. M. Carrette, fig. *Paris*, 1798, in-8, bas. —
Usage du compas de proportion, suivi d'un traité de la division des champs, revu, corrigé et entièrement refondu
par J. G. Garnier, fig. *Paris*, 1794, in-12, v. rac.

118. Rec. de problêmes résolus par des considérations pure-
ment géométriques. *Paris*, 1801, fig., in-8, bas. rac. —
Traité simple et concis de géométrie pratique, applicable
au mesurage de toute espèce d'ouvrages de bâtiment; par
Denuelle, fig. *Paris*, 1815, gr. in-4, cart.

119. Traité de trigonométrie par Cagnoli, trad. de l'ital.
par Chompré, fig. *Paris*, 1786, in-4, v. éc.

120. Geometrical and graphical essays, containing a general
description of the mathematical instruments used in geome-
try, with many new practical problems, illustrated by
thirty four copper plates; by G. Adams : edit. corrected
and enlarged by Will. Jones. *Lond.*, 1803, in-8, v. rac.

121. Géométrie de l'arpenteur, par Doyen, fig. *Paris*, 1769,
in-8, bas. m. — Manuel de l'arpenteur; par N. Ginet.
Paris, 1770, fig., in-8, v. m. — Les règles du dessin et
du lavis; par Buchotte, fig. et plans. *Paris*, 1743, in-8,
bas. m.

122. Traité du nivellement, par Picard; in-4, d.-r. — Essai
sur le nivellement (par Busson Descars). *Paris*, 1805,
fig., in-8, d.-rel. — L'art de lever les plans; par Dupain
de Montesson, figures. *Paris*, 1763, in-8, d.-r. — La le-
vée des plans et l'arpentage rendus faciles, par Soulas, fig.
Paris, 1812, in-18, bas. rac.

123. Manuel de l'ingénieur du cadastre; par Pommiés, précédé d'un traité de trigonométrie rectiligne; par A. A. L.
Reynaud. *Paris*, 1808, fig., in-4, bas. rac. — Traité de
topographie, d'arpentage et de nivellement, par L. Puissant; fig. *Paris*, 1807, in-4, bas. rac. — Cours complet de
topographie et de géodésie, par P. M. N. Benoît, fig. *Paris*,
1822, in-8, d.-r.

124. Cours complet de topographie, par Alex. Moitte. *Paris*,
1806, fig., in-fol. obl., v. porph., dent. bords et bord.
On a ajouté à l'exempl. 8 planches dessineés et lavées. Et mo-
dèles des teintes; in-fol., v. dent. — Mémoire sur le figuré des
terrains dans les cartes topographiques; 1822, in-8, br.

3

125. Mémoires sur la projection des cartes géographiques; par Henry. *Paris*, 1810, cartes, in-4, d.-rel. — Exposé des méthodes employées pour lever et construire les cartes et plans du Voyage de Dentrecasteaux; par C. F. Beautems-Beaupré, cart. et fig., in-4, d.-r.

126. Nouv. tables loxodromiques ou application de la théorie de la véritable fig. de la terre, à la construction des cartes marines réduites; par Murdoch, trad. de l'angl. par de Brémond; fig. *Paris*, 1742, in-8, mar. rou., fil., tr. dor.

127. Métrologie, ou traité des mesures, poids et monnaies; par Paucton. *Paris*, 1780, in-4, v. éc., fil. — Métrologie française, ou traité du syst. métrique, conten. des tables comparatives des anciennes mesures avec celles qui les remplacent, un barême décimal, précédé d'un discours sur le système en général; par Brillat, fig. *Paris*, 1802, in-8, d.-r. — Rapport des nouv. poids et mesures avec ceux de tous les pays, par Soulet. *Paris* (s. d.), in-8 oblong. — Manuel élémentaire des poids et mesures et du calcul décimal, avec la nouv. nomenclature, par S. A Tarbé. *Paris*, 1804, in-18, bas. rac. — Dissertacion sur las medidas militares, que contiene la razon de preferir el uso de las nacionales al de las Forestieras ; escrita por Don Pedro de Lacaze. *Barcelona*, 1773, p. in-4, bas. rac.

128. Recréations mathématiq. et physiques, par Ozanam; édit. refondue et considérabl. augm. par M. de M**** (Montucla) *Paris*, 1790, fig., 4. vol. in-8, bas. m. — Amusemens mathématiques (par And. Jos. Panckouke). fig. *Lille*, 1749, in-12, v. m.

129. Histoire et description du muséum royal d'histoire naturelle; par Deleuze. *Paris*, 1823, fig., 2 vol., gr. in-8, bas. rac.

430. Considérations sur les êtres organisés; par J. C. Delamétherie, fig. *Paris*, 1804, 2 vol., in-8, rel. pap. mar. r. fil.

131. Nouv. découvertes faites avec le microscope, par Tuberville Needham, trad. de l'angl. avec un mém. sur les polypes à bouquet, par A. Trembley, fig. *Leyde*, 1747, in-12, fig., v. m. — Osservazioni microscopiche sulla tremella e sulla circolazione del fluido in una pianta acquajuola, dell'Abate Corti. *Lucca*, 1774, fig., in-8, d.-r.

132. Nouv. observat. microscopiques, par Needham (trad. par Lavirotte), avec fig. *Paris*, 1750, in-12, v. m.

133. Essai sur l'art d'employer les instrumens microscopiques
avec utilité et plaisir dans la saison du printems, par l'auteur des amusements microscopiques (Ledermuller), trad.
de l'allem. par J. C. Harrepeter, fig., col. *Nuremb.*, 1764,
gr. in-fol., d.-r.

134. Théorie de la surface actuelle de la terre; par André,
connu cidev. sous le nom du P. Chrysologue. *Paris*,
1806, in-8, rel. en pap. mar., fil.

135. Renouvellemens périodiques des continens terrestres;
par Louis Bertrand. *Paris*, 1800, fig., in-8, d.-r. — Essai
de géologie, pour servir à l'hist. nat. du globe; par B. Faujas de S. Fond. *Paris*, 1803, fig., in-8, bas. rac. — Hist.
des anciennes révolut. du globe terrestre, avec une relation
chronolog. des tremblem. de terre (trad. de Sellius, par
l'ab. Sépher), fig. *Paris*, 1752, in-12, v. m.

136. Istoria de' fenomeni del tremoto avvenuto nelle Calabrie,
e nel Valdemone nell' anno 1783, *Napoli*, 1784, gr.
in-4, rel. en carton.—Viaggio geologico per diverse parti
méridionali dell' Italia esposto in lettere di Trimenegildo
Pini, fig. *Milano*, an. 1° della repub. ital., in-8, cart.

137. Hist. natur. des volcans, comprenant les volcans sou-
marins, ceux de boue et autres phénomènes analogues; par
C. N. Ordinaire. *Paris*, 1802, in-8, bas. rac. — Storia ge-
nerale dell' Etna che comprende la descrizione di questa
montagna : la storia delle sue eruzioni, e dei suoi fenomeni che può servire alla storia dei volcani; dall' ab. Ferrera,
fig. *Catania*, 1793, in-8, v. rac.

138. Hist. des phénomènes du Vésuve exposés par le P. Dom
Jean Marie de la Torre; avec 11 planches. *Naples*, 1771,
in-8, rel. pap. v., fil. — Observations on mount Vesuvius,
mount Etna, and other volcanos, by W. Hamilton. *Lond.*,
1772, cart, in-8, d.-rel. — Saggio di litologia Vesu-
viana, dal Gius. Gioeni. *Napoli*, 1790, gr. in-8, bas. m.,
allem.

139. Recherches sur les volcans éteints du Vivarais et du Ve-
lay; avec un discours sur les volcans brûlans, par Faujas
de Saint-Fond, avec fig. *Grenoble*, 1778, gr. in-fol.,
v. éc.

140. Essai sur la théorie des volcans d'Auvergne; par le
chev. de Reynaud de Montlosier. *Paris*, 1802, in-8, d.-r —
Observat. sur les volcans de l'Auvergne, suivis de notes sur

divers objets; par Lacoste. *Clermont, 1803*, in-8, bas. rac., fil. — Lettres minéralog. et géologiq. sur les volcans d'Auvergne, par Lacoste. *Clermont*, 1805, in-8, bas. rac. Hommage de l'auteur. — Du Cantal, du basatle et des anc. révolut. de la terre; par le comte de Montlosier. *Clermont-Ferrand*, 1834. = Le Mont Dore; de sa composit., de sa formation, de son origine; par le même. Ibid, 1834. = Conjectures sur la cause apparente des eaux sur notre globe; par Eus. Salverte. *Paris*, 1799, et 5 autres pièces, 8 broch., in-8.

141. Essai géologique et minéralog. sur les environs d'Issoire, et principal. sur la montagne de Boulade, avec la description et les fig. lithographiées, des ossemens fossiles qui y ont été recueillis, par J. S. Devèze de Chabriol, et J. B. Rouillet. *Clermont-Ferrand*, 1827, gr. in-fol., d.-r.

142. L'histoire naturelle éclaircie dans une de ses parties principales, l'oryctologie; enrichie de fig., par M****. *Paris*, 1755, gr. in-4, v. fau., fil.

143. Recherches sur les ossemeus fossiles de quadrupèdes, où l'on rétablit les caractères de plusieurs espèces d'animaux que les révolutions du globe paraissent avoir détruites, par Cuvier, fig. *Paris*, 1812, 4 vol. in-4, v. rac.

144. Minéralogie, contenant les caractères qui servent à reconnaître les minéraux et à les distinguer les uns des autres; avec des planches en taille douce, par J. B Pujoulx. *Paris*, 1813, in-8, v. rac. — Manuel du minéralogiste et du géologue voyageur, par C. P. Brard; fig. *Paris*, 1805, in-12, bas. rac., fil.

145. Osservazioni mineralogiche sul la miniera di ferro di Rio ed altre parti dell' isola d'Elba, di Ermenegildo Pini. *Milano*, 1777, fig. et cart. in-8, cart.

146. Essai sur l'action de la lumière solaire dans la végétation; par Jean Senebier. *Genève*, 1788, in-8, d.-r. — Experimentos y observaciones sobre los sexos y fecundacion de las plantas : por Don Antonio de Marti. *Barcelona*, 1794, in-8, rel. en cart., fil.

147. Caroli à Linne systema vegetabilum secund. classes, genera, ordines, species cum characteribus et differentiis; editio accessionibus et emendationib. novissimis manu auctoris scriptis adornata à Joan. And. Murray. *Gothingæ*, 1774, in-8, v. j. — Joan. Danielis Leers Flora herbornensis exhibens plantas circa Herbornam Nassoviorum crescen-

tes, secund. systema sexuale Linnænum distributas, cum
descriptionib. rariorum et iconibus. *Herbornæ Nassvio-
rum*, 1775, in-8, vél.

148. Principes de Botanique expliqués par Ventenat, fig.
Paris, 1795, in-8, bas. j. — Glossaire de botanique, ou
dictionn. étymologique de tous les noms et termes relatifs
à cette science; par Alexandre de Théis. *Paris*, 1810, in-8,
v. rac. — Tableau de l'école de botanique du muséum
d'hist. naturelle; par M. Desfontaines. *Paris*, 1804, in-8,
d.-r

149. Méthode signalementaire pour servir à l'étude du nom
des plantes; par Louis Lefebure, accompagnée des tablettes
mobiles. *Paris*, 1814, in-8, d.-r. — Système floréal. Flore
française, 750 genres; par M. Lefebure, figures lithographiées. *Paris*, 1821, in-8, en feuilles.

150. Dictionnaire élémentaire de botanique, par Bulliard;
nouv. édit. rev. et corr. par l'auteur, 10 pl. coloriées. *Paris*,
1797, in-fol. v. rac., fil., d. s. tr.

151. Joh. Scheuchzeri Agrostographia, sive graminum, Jun-
cor. cyperorum, cyperoidum usque affinium historia.
Tiguri, 1775, fig., in-4, v. m. — Histoire des conferves
d'eau douce, suivie de l'histoire des trémelles et des ulves
d'eau douce, par Jean Pierre Vaucher; fig. *Genève*, 1803,
in-4, d. r.

152. Description des plantes cultivées dans le jardin de J. M.
Cels, avec fig.; par E. P. Ventenat. *Paris*, 1800-1803, gr.
in-fol., pap. vél., 2 vol., porph. dent., b. bord., d. s. tr.

153. Flora Parisiensis, ou description et figures des plantes
qui croissent aux environs de Paris, etc., par Bulliard;
ouvrage orné de 640 fig. coloriées d'après nature. *Paris*,
1776-1783, 6 vol in-8, v. rac., fil.

154. Flora Rossica, seu stirpium imperii Rossici per Europam
et Asiam indigenarum descriptiones et icones, edidit P. S.
Pallas. *Petrop.*, 1788, gr. in-fol., d.-r. *Tom. prim. pars
secunda.*

155. Nouvelles observations physiques et pratiques sur le jar-
dinage et l'art de planter, avec le calendrier des jardiniers,
traduit de l'anglais de Bradeley (par de Puisieux), fig. *Paris*, 1756, 3 vol. in-12, v. m. — Discours sur la vie de la
campagne et la composition des jardins, par And. de La-
borde. *Paris*, 1808, in-8, d -r.

156. Essai physique sur l'économie animale, par Quesnay.

Paris, 1747, 3 vol. in-12, mar. r., aux armes de la duchesse de Pompadour.

157. Histoire des animaux d'Aristote, avec la traduction
française, par Camus. *Paris*, 1763, in-4, 2 vol., v. fau.

158. Joh. Lathami systema ornithologiæ; edit. nova locupletata curis et operâ Eligii Johanneau. *Paris*, 1809, in-12,
d.-r.

159. Tableau des aranéïdes, par M. C. A. Walckenaer; fig.
Paris, 1805, gr. in-8, d.-r.

160. Galeni librorum (græcè), pars secunda. *Basil.*, 1538,
in-fol., vél.

161. Cranologie, ou découvertes nouvelles de F. J. Gall, concernant le cerveau, le crâne et les organes, traduit de l'allemand. *Paris*, 1807, portr., in-8, d.-r. — Recherches sur
les propriétés des eaux du Mont-d'Or, par Mich. Bertrand;
fig. *Paris*, 1810, in-8, bas. rac.

162. Le guide de l'artiste et de l'amateur, contenant une trad.
nouvelle du poème de la peinture de Dufresnoy, par Kéra-
try. *Paris*, 1824, in-12, bas. rac. — Manière de bien juger
les ouvrages de peinture, par Laugier, *Paris*, 1771, in-12,
v. m. — L'école d'Uranie ou l'art de la peinture, trad. du
latin d'Alphonse Dufresnoy et de l'abbé de Marsy, avec des
remarques, par Meunier de Querlon. *Paris*, 1753, in-12,
v. m.

163. Œuvres complètes du chevalier Jos. Reynolds, trad. de
l'italien, par Jansen; portrait. *Paris*, 1806, 2 vol. in-8,
d.-r. — Théorie du paysage, ou considérations générales
sur les beautés de la nature que l'art peut imiter, par J. B.
Deperthes. *Paris*, 1818, in-8, d.-r.

164. De la manière de graver à l'eau forte et au burin, et de la
gravure en manière noire, par Abraham Bosse; édition augmentée (par Cochin fils), enrichie de vignettes et de 21 planches. *Paris*, 1758, in-8, v. m. — Description et usage du
pantographe, par Lemel; fig (*Paris*, 1744,) in-4, d.-r. —
Les règles du dessein et du lavis, par Buchotte; fig. *Paris*,
1722, in-8, v. m., fil. — Traité de perspective où sont con-
tenus le fondemens de la peinture, par le P. Bernard Lamy;
fig. *Paris*, 1701, in-8, v. fau.

165. L'art de dessiner, par Jean Cousin. *Paris*, s. d., br. in-4,
oblong. — Abrégé d'anatomie accomodé aux arts de peinture et de sculpture, par Franç. Tortebat. *Paris*, 1760,
in-fol., d.-r.

166. L'art du dessin démontré d'une manière claire et précise
par Jean Cousin, revu, corrigé et augmenté d'après les ouvrages de ce maitre; par P. T. Leclerc; 24 planches. *Paris*,
(s. d.), in-fol., cart.—Anatomie accommodée aux arts de peinture et de sculpture, par Roger Depiles, connu sous le nom
de Tortebat; édition augmentée et exécutée dans le goût du
crayon; par Leclerc, peintre. *Paris*, (s. d.), gr. in-fol., cart.
— Perspective théorique et pratique, par Ozanam; fig. *Paris*, 1720, in-8, bas. m.

167. Les proportions du corps humain, mesurées sur les plus
belles figures de l'antiquité, par Gérard Audran; 30 pl.
Paris, 1801, gr. in-fol., d.-r. — Anatomie du corps humain, à l'usage des peintres, grav., par Legrand, avec
l'explication sur les planches au nombre de trois. = Trente
autres planches d'étude de chevaux de différens pays, d'a-
près Vernet et autres, et de leur anatomie; le tout 1 vol.
in-fol., atlant. oblong., d.-r.

168. Anatomie du gladiateur combattant, applicable aux
beaux-arts; ouvrage orné de 22 planches, par Jean Galbert
Salvage. *Paris*, 1812, in-fol., pap. colombier, d.-r., des
mar. et pap. rou.

> On a conservé le prospectus et joint une figure du Gladiateur
> in-8.

169. Notices histor. sur les anciennes académies de peinture
et sulpture de Paris, et sur celle d'architecture; par Deseine.
Paris, 1814, in-8, bas. rac. — Observations sur les grands
peintres, avec un précis de leur vie, par Taillasson. *Paris*, 1807, in-8, d.-r. — Dictionnaire des peintres espagnols, par F. Quilliet. *Paris*, 1816, in-8, bas. rac. —
Explication des tableaux de la galerie de Versailles et de ses
deux salons, par Rainssant. *Paris*, 1687, in-4, v. br. =
Traité théorique et pratique sur l'art de bâtir, par Jean Ron-
delet. (Introduction : serrurerie.) *Paris*, 1829 et 1830, fig.
2 broch. gr. in-4, etc.

170. Traité des pratiques géométrales et perspectives, ensei-
gnées dans l'académie royale de la peinture et sculpture,
par A. Bosse; fig. *Paris*, 1665, pet. in-8, mar. bl., fil., tr.
dor.

171. Traité de perspective à l'usage des artistes, par Edm. Séb.
Jeaurat; avec fig. *Paris*, 1750, in-4, v. m.

> Outre les planches des cinq ordres qui manquent dans beaucoup
> d'exemplaires, on a ajouté une notice succincte des ouvrages de

M. Jeaurat, sa correspondance avec le bureau des longitudes du 13 germinal an viii au 19 floréal an ix inclusivement.

172. Traité de perspective théorique et pratique, par l'abbé Deidier; corrigé et augmenté. *Paris*, 1770, fig., in-4, bas. rac. — Moyens pour accourcir les opérations de la perspective, par La Hire; 6 planches. *Paris*, 1790, in-4, cart., d.-r.

173. Cours graphitechnique des sciences et arts. Perspective, par P. F. Janinet. *Paris*, 1799, fig., pap. vél., in-fol., cart. — Elémens de perspective pratique, à l'usage des artistes, par P. H. Valenciennes; fig. *Paris*, 1800, in-4, bas. rac. — Raisonnement sur la perspective, pour en faciliter l'usage aux artistes, par M. Petitot; fig. *Paris*, 1805, in-4, cart.

174. Les images ou tableaux de platte peinture des deux Philostrates, et les statues de Callistrate, mis (du grec) en françois, par Blaise de Vigenere; enrichis d'argumens, annotations; revus et corrigez sur l'original grec, par Artus Thomas, Sieur d'Embry; fig. *Paris*, 1629, in-fol., v. fau., fil.

175. Colleccion de las principales suertes de una corrida de Toros. *Veneccia*, 1803, in-fol. oblong. d.-r.

176. Recueil d'estampes; savoir :

> Vue de Saint-Pétersbourg, peinte d'après nature par le Prince, gravée par J. P. le Bas; 1778.
>
> Vue d'un costé du port d'Echelle au Levant, peinte par Vernet, gravée par J. Fr. Aveline.
>
> Vue des environs de Lisbonne et du grand aqueduc traversant la rivière d'Alcantara, peinte par Noël, gravée par J. Mathieu.
>
> Plan du combat naval entre la flotte russe et celle des Ottomans, du 5 juillet 1770.
>
> Tempête, gravée d'après le tableau original de Vandervelde, par C. Norton.
>
> Temps orageux, gravé d'après Vernet, par Aliamet.
>
> Vue de Gênes, dessinée par Cassas, gravée par F. Hegi, imprimée par Schweizer, à Bâle.
>
> Le choix du poisson, peint par J. Vernet, gravé par Yves Le Gouaz.
>
> Melpomène, dessinée par Granger, et lithographiée.

Louis-Philippe Ier, roi des Français, imp. lith. de Delpech.

Les trois dernières pièces détachées, mais placées en tête du recueil.

177. Œuvres de Karle du Jardin, contenant des animaux et paysages (52 sujets en 23 planches), dessinés et gravés à l'eau forte par lui-même. *Paris*, 1802, in-fol., cart. == Dans le même volume on a ajouté en tête : A Drawing book of cattle, taken from the best Masters, engraved by Merigot (14 sujets). *Paris*, 1792, 2 cahiers in-4.

178. 31 sujets dessinés et gravés par Vander Meulen, dont 2 gravés à l'eau forte, par J. D. Bertaux, représentant le marché aux chevaux et le haras, et terminés au burin par L. J. Allais, et coloriés; gr. in-fol. obl., d.-r.

179. Douze planches d'esquisses anglaises gravées pour les écrits de sir Walter-Scott, publiées à Londres par Colnaghi, en juin 1821; in-fol. obl., dos de mar. et plats de pap. mar. r.

180. Cours d'études de paysages ou choix des plus belles fabriques et vues d'Italie, avec arbres, plantes, rochers, terrains, etc., dessinés et gravés dans la manière du crayon, par J. Marchandet, la vignette du titre par Malbeste. *Paris, in-fol. colomb., dos mar. et plat pap. mar. r.

181 Wiew of the levant, particulary of Constantinople, Syria, Egypt and Greece, by Ch. Perry; with plates. *London*, 1743, in-fol., d.-r. non rogné.

182. Tableaux topographiques, pittoresques, physiques, historiques, moraux, politiques et littéraires de la Suisse; estampes. *Paris*, 1780, gr. in-fol. couvert en toile.

183. Vues Topographiques recueillis dans un voyage au Levant par M. de Hammer. *Vienne*, 1811, fig., pet. in-4, v. rac., fil. (*Texte allemand,*)

Avec des notes manuscrites détachées.

184. Marine militaire, ou recueil des différens vaisseaux qui servent à la guerre, suivi des manœuvres qui ont le plus de rapport au combat, ainsi qu'à l'attaque et à la défense des ports, par Ozanne l'ainé; 50 planches. *Paris*, s. d., in-4, d.-r. — Collection de vaisseaux de ligne et marchands, français, napolitains, espagnols, portugais, etc.; 72 planches dessinées et gravées par Beaugean, in-4 obl., d.-r.

185. Le nouveau livre des cinq ordres d'architecture, par Jacq. Barozzio Vignole. *Paris*, 1781, 40 pl. in-fol., d.-r.

186. L'architecture pratique, par Bullet; fig. *Paris*, 1752, in-8, v. j. — Traité d'architecture pratique, par J. F. Monroy; fig. *Paris*, 1785, in-8 cart. — Elémens d'architecture, de fortification et de navigation, avec un vocabulaire des termes, en français et en anglais, par M. P. D. L. F. (M. Papillon de la Ferté); fig. *Paris*, 1787, in-8, rel. en pap. — Etudes de fragmens d'architecture, gravées à la manière du crayon, dessinées et mises au jour par Jean Augustin Renard. *Paris*, 1785, in-fol., format d'atlas.

187. Recueil et parallèle des édifices de tout genre anciens et modernes, remarquables par leur beauté, par leur grandeur, ou par leur singularité, et dessinés sur une même échelle, par J. N. L. Durand; avec un texte par J. G. Legrand. *Paris*, 1800, pap. gr. monde, in-fol. obl., cart.

188. Description du théâtre de Marcellus à Rome, rétabli dans l'état primitif, par A. L. T. Vaudoyer ; fig. *Paris*, 1812, gr. in-4, v. rac., fil. — Plan, coupe et élévation du palais de l'Institut impérial de France, par A. L. T. Vaudoyer, avec fig. *Paris*, 1811, in-8, cart. — Maison d'un cosmopolite, par Vaudoyer; planches coloriées. = Plan, élévation et coupe d'un projet pour le monument à élever à la gloire de la grande armée, sur l'emplacement de la Madeleine, par le même; fig. col. *Paris*, 1807, 2 part. in-8, cart.

189. Il nuovo teatro delle fabriche, et edificii in prospettiva di Roma moderna, date in luce da Gio. Jacomo Rossi, libro 1°, 55 icon. da Gio. Batt. Falda; lib. 2°, 17; lib. 3°, 38; lib. 4°, da Alessandro Specchi, 52; lib .5°, con direzzione e cura di Gio. Domenico Campiglia, 30. *Roma*, 1665-99 et 1759, 5 part., 1 vol. in-fol. obl., d.-r.

190. L'anfiteatro Flavio descritto e delineato dal Caval. Carlo Fontana. *Haia*, 1725, in-fol., atlant., pap. d'Holl., d.-r., coins en parch.

191. Restitution des deux frontons du temple de Minerve, à Athènes, avec trois planches; par Quatremère de Quincy. *Paris*, 1825, in-fol.; cart.

192. Plans, descriptions et vues en perspective, des édifices érigés en Angleterre et en Ecosse, suivis d'un essai sur l'architecture grecque, romaine et gothique, avec des dessins illustratifs, par Rob. Mitchell. *Londres*, 1804, in-fol. atlas, cart. angl.

193. Mémoire sur la digue de Cherbourg, comparée au Brea

Kwater ou jetée de Plymouth, par J. M. F. Cachin; cartes. *Paris*, 1820, gr. in-4, d.-r. — Travaux des ponts-et-chaussées depuis 1800, ou tableau des constructions neuves, faites sous le règne de Napoléon 1er, par M. Courtin. *Paris*, 1812, in-8, bas.-rac.

194. Sur l'art de fabriquer le flint-glasse, par M. d'Artigues. *Paris*, 1811, in-8, cart.

195. Méthode de Jean Carstairs, ou l'art d'apprendre à écrire en peu de leçons, traduite de l'anglais, et accompagnée de 26 planches. *Paris*, 1828, broch. in-8, et 4 broch. sur l'enseign. mutuel, etc.

BELLES-LETTRES.

196. Substance of lectures on the ancient Greeks, and on the revival of greek learning in Europe, by And. Dulzel. *Edimb.*, 1821, gr. in-8, pap. vél., cart. angl. — Abrégé du cours de littérature de J. F. de la Harpe, publié par René Perin. *Paris*, 1821, in-12, 2 vol., bas. rac.

197. Principes de grammaire générale, par M. Silvestre de Sacy. *Paris*, 1803, in-12, bas. rac. — L'art d'apprendre les langues, par M. Weiss. *Paris*, 1808, in-8, d.-r. — A method of making abridgments, or easy and certain rules for analysing authors, by the abbé Gaultier. *London*, 1800, portrait, in-4, cart.

198. Amb. Calepini dictionarium octolingue, adornatum à Joanne Lud. de la Cerda. *Lugd.*, 1663, in-fol., v. br.

199. Parallèle des langues de l'Europe et de l'Inde, par F. G. Eichhoff. *Paris*, 1834-1836, gr. in-4, pap. vél., br., 2 vol.

200. Simplification des langues orientales, par C. F. Volney. *Paris*, 1775, in-8, d.-r. — Joann. Franc. Hottingeri grammatica quatuor linguarum hebraicæ, chaldaicæ, syriacæ et arabicæ harmonica. *Heidelbergæ*, 1659, in-4, vél.

201. Francisci a Mesgnien Meninski thesaurus linguarum orientalium, præsertim turcicæ, arabicæ et persicæ, cum in-

terpretatione latina, germanica, italica, gallica et polon. *Viennæ-Austriæ*, 1680. = Ejud. complementum thesauri linguarum orientalium. *Ibid.*, 1687, 4 vol. in-fol., vél. d. s. tr. (*Le vol. complémentaire plus court.*)

> Il manque : Linguarum orientalium institutiones. *Viennæ-Aust.*, 1680.
>
> Quelques feuilles encadrées et piquées dans les marges au commencement et à la fin du 3me vol.

202. Grammaire hébraïque en tableaux, par **P. G. Audran**. *Paris*, 1805, in-4 obl., rel. en cart. — Grammaire arabe en tableaux, par **P. G. Audran**. *Paris*, 1805, in-4 obl., d.-r.

203. Johan. Buxtorfii Lexicon chaldaicum, talmudicum et rabbinicum, in lucem editum a Johanne Buxtorfio filio. *Basil.*, 1640, in-fol., v. br.

204. Lexicon hebraico chaldaico-latino-biblicum, à P***. F. Carmelita excalceato contextum. *Lugd.*, 1770, portrait, gr. in-fol., v. rac.

205, Racines hébraïques sans points ni voyelles, ou dictionnaire hébraïque par racines, (par le **P. Houbigant**.) *Paris*, 1732, in-8, bas. jas.

206. Th. Erpenii grammatica arabica cum fabulis Lockmanni, etc. Accedunt excerpta anthologiæ veterum arabiæ poetarum quæ inscribitur Hamasa Abi Temmam edita, conversa et notis illustrata ab Alb. Schultens. *Lugd.-Bat.*, 1767, in-4, porph., v. fil.

207. Développemens des principes de la langue arabe moderne, par A. J. F. Herbin. *Paris*, 1803, gr. in-4, cart.

208. Joan. Willmet lexicon linguæ arabicæ in Coranum Haririum et vitam Timuri. *Lugd.-Batav.*, 1784, gr. in-4, bas. rac.

209. Francisci a Mesgnien Meninski institutiones linguæ turcicæ, cum rudimentis paralleslis linguarum arabicæ et persicæ, editio altera methodo linguam turcicam suo marte discendi aucta, curante Adamo Franc. Kollar. *Vindobonæ*, 1756, in-4, 2 vol., v. r.

210, Elémens de la grammaire turke, par M Jaubert. *Paris*, 1823, in-4, br.

211. Tractatus de elementorum græcorum pronuntiatione, auctore Anastasio Georgiade, gr. lat. *Parisiis*, 1812, in-8, d.-r. — Nouvelle méthode pour apprendre facilement la

langue grecque, (par Cl. Lancelot, Arnault et Nicole.) *Paris*,
1682, in-8, v. br.

212. Théorie de la grammaire et de la langue grecque, par
O. Minoïde Mynas. *Paris*, 1827, in-8, br. — Grammaire
grecque contenant les dialectes et la différence avec le grec
vulgaire, par C. Minoïde Mynas. *Paris*, 1828, in-8, br.

213. Julii Pollucis onomasticum, gr. et lat., cum commentariis Jungermanni, Kuhnii, Seberi et aliorum. *Amst.*, 1706,
in-fol., 2 vol., vél. cordé.

214. Dictionnaire critique grec et allemand, par Schneider.
Leipzig, 1797, in-8, 2 vol., v. rac.

215. Dictionnaire grec-français, par J. Planche. *Paris*, 1809,
in-8, bas. jas. = Dictionnaire français-grec, par MM. Planche, Alexandre, Defaucompret. *Paris*, 1824, in-8, parch.

216. Nouvel abrégé de la grammaire grecque moderne. *Vienne*,
in-8, rel. en cart. (En grec vulgaire.)

217. Simonis Portii dictionarium latinum, græco barbarum
et litterale. *Lutet.-Paris*, 1635, in-4, vél.

218. Tesoro della lingua greca volgare ed italiana dal Pad.
Alessio da Somavera, posta in luce da Tomaso da Parigi.
Parigi, 1709, in-4, 2 vol., v. m.
     Quelques pages manuscrites.

219. Dictionnaire analytique et critique de la langue hellé-
niq., expliquée par le grec moderne, par Ant. Gaza. *Venise*,
1809-12 et 16, in-4, 3 vol., bas. rac. *Bel exempl.*

22 . Dictionnaire grec moderne-français, par F. D. Dehèque.
Paris, 1825, in-18 carré, bas. rac.

221. Pet Danetii dictionarium latinum et gallicum, ad usum
Delphini. *Parisiis*, 1693, gr. in-4, v. jas. — Nouveau dictionnaire français-latin, par Franç. Noël. *Paris*, 1815,
in-8, bas. m.

222. Vocabulario italiano-espagnolo, comp. da Lor. Fran-
ciosini. *Venezia*, 1774, in-8, 2 vol., bas. rac. — Il vocabulario portatile per agevolare la lettura degli autori italiani
ed in specie di Dante. *Parigi*, 1768, pet. in-12, d.-r.

223. Nouvelle grammaire française et portugaise, par A. M.
Sané. *Paris* (s. d.), in-8, d.-r. — Dictionario inglez et
portuguez; 2 édic., por Ant. Vieyra. *Lond.*, 1782, in-8,
2 tom., 1 vol. in-8, bas. jas. — Mestre francez, por Francisco Clamopin Durand. *Lisboa*, 1786, gr. in-8, bas. j. —
Dialogues français et portugais. *Lisbonne*, 1808, pet. in-8
carré, bas. rac. — Secretario portuguez, ou methodo de

escrever cartas, por Francisco Jozé Freire. Nova edicaõ, augmentada com duos supplem. *Lisboa*, 1815, in-8, bas. rac.

124. Diccionario de la lengua castellana compuesto por la real academia espanola, segunda edicion. *Madrid*, 1783, in-fol., bas. rac., fil.

225. Discours préliminaire du nouv. dictionn. de la langue française, par A. C. de Rivarol. *Paris*, 1797, in-4, v. rac., fil. — L'art de parler et d'écrire correctement la langue française; par l'abbé de Lévizac. *Paris*, 1822, 2 vol. in-8, d.-r.

226. Dictionnaire de l'Académie française, augm. de plus de 20,000 articles (par Lavaux). *Paris*, 1802, in-4, 2 vol., bas. m.

227. Traicté de la conformité du langage françois avec le grec, avec une préface par Henri Estienne. *Paris*, 1569, p. in-8, v. fau.

228. Dictionnaire français-allemand, et allemand-français; par M. Delaveaux. *Berlin*, 1797, 4 tom., 2 vol., in-8, d.-r.

229. Dictionnaire français-holland., et holland.-français, par R. O. F. W. Winkelman. *Utrecht*, 1783, in-8, 2 vol., d.-r.

230. Nouv. dictionn. français-suédois, et suédois-francais, par D. Levin Moller. *Stockolm*, 1755, in-4, v. j.

231. Dictionnaire suédois-français, par Erik Nordforss. *Stockolm*, 1805, 2 vol. p. in-18 obl., d.-r.

252. Dictionary of the english language, by Sam. Johnson. *Lond.* 1755, in-fol., 2 vol., v. j., fil.

233. Hermes Scythicus : or the radical affinities or the greek and latin languages to the gothic, by John Jamieson. *Edimburgh*, 1814, in-8, pap. vél., d.-r.

254. Elémens de la langue russe, par Charpentier. *S. Petersbourg*, 1768, in-8, d.-r.

255. Élémens raisonnés de la langue russe, par J. B. Maudru. *Paris*, 1802, 2 vol. in-8, d.-r.

236. Grammaire russe; par G. Hamonière. *Paris*, 1817, in-8, d.-r. — Vocabulaire franç. et russe, par G. Hamonière. *Paris*, 1815, in-8, pap. vél., cart.

257. Dictionn. français, allemand, latin et russe. 1764, in-8, 2 vol., v. fau. et v. rac., le tome 1er sans le titre.

(31)

237. *bis.* Dictionn. allemand-russe, et russe-allem., publ. par Jacob Rodde. *Riga*, 1784, in-8, bas. rac.

238. Grammaire franç.,-celtique, ou franç.,-bretonne, par le P. F. Grégoire de Rostrenen. *Rennes*, 1738, p. in-8, v. br. — Dictionn. français-celtique, et français-breton, par le P. F. Grégoire de Rostrenen. *Rennes*, 1734, in-4, bas. br.

239. Dictionn. roman, walon, celtique et tudesque, (par D. François). *Bouillon*, 1777, in-4, v. m.

240. Athenaei deipnosophistarum lib. xv, Isaacus Casaubonus recensuit : et adjecti sunt ejusd. Casauboni in eund. scriptorem animadversionum lib. xv., 1597, in-fol., d.-r.

241. Discours grecs choisis de divers orateurs pub. par l'ab. Auger; en grec, *Paris*, 1788, 2 vol. in-12, bas. rac. — Isocratis orationes et epistolæ (gr. lat.), cum latina interpret. Hier. Wolfii, editio recognita, et à mendis expurgata (curis Henr. Stephani). *Parisiis*, 1621, p. in-8, d.-r. — Dionis Chrysostomi orationes, gr. lat., cum vetustis codd. mss. collatæ, eorumq. ope ab innumeris mendis liberatæ, restitutæ et auctæ, ex interpretatione Th. Neageorgi, recognita et emendata Fed. Morelli opera cum Isaaci Casauboni Diatriba. *Lutet.* 1604, in-fol., v. m.

242. M. Tullii Ciceronis trium orationum pro Scauro, pro Tullio, pro Flacco partes ineditæ cum antiquo scholiaste item inedito ad orationem pro Scauro; invenit, recensuit, notis illustrav. Angelus Maius. *Mediolani*, 1814, gr. in-8, br.

243. Prælectiones academicæ Oxonii habitæ ab Edv. Compleston. *Oxonii*, 1813, in-8, v. rac. — Discours, allocutions et réponses de S. M. Louis-Philippe, roi des Français. *Paris*, 1833, in-8, 3 vol., bas. rac.

244. The complaint : or, night Thoughts on life, death, et immortality. *London*, 1750, in-8, rel. angl., fil.

Cet exemplaire offre une traduction interlinéaire française et de phrases sur les marges.

245. Mythologia Æsopica : in qua Æsopi fabulæ græco-latinæ 277, quarum 136 primùm prodeunt, accedunt Babriæ fabulæ etiam auctiores, etc. opera et studio Isaaci Nicolai Neveleti, cum notis ejusd. in eadem, fig. *Francof.*, 1610, p. in-8, v. br., fil. — Heliodori æthiopicorum lib. x (gr. et lat.), ad fidem mss. ab Hieron. Commelino emendati, ejusdem que notis illustrati, cum indice. *Lugd.*, 1611, p. in-8, d.-r.

246. Philostrati heroica ad fidem codd. manusc. ıx recensuit,
scholia græca adnotationesque suas addidit J. Fr. Boisson-
nade. *Paris*, 1806, in-8, v. éc., fil.

247. Les martyrs, ou le triomphe de la religion chrétienne;
par F. A. de Chateaubriand. *Paris*, 1810, in-8 , 3 vol.,
bas. rac.

248. Introduction to the study of the greeck classic poets; by
Henry Nelson Coleridge. *Lond.*, 1834, pap. vél., cart. angl.

    L'exemplaire est précédé d'une lettre autographe de M. Henry
Nelson Colerigde à M. Lechevalier.

249. Musæi grammatici de Herone et Leandro carmen ab Ant.
Maria Salvinio, italicis versibus redditum, recensuit et illustravit Aug. Mar. Bandinius. *Florentiæ*, 1765, in-8, cart.

250. Homeri opera omnia, gr.-lat. curante Jo. Henrico Le-
derlino et post eum Steph. Berglero. *Amst.*, 1707, 2 vol.
p. in-12, v. br.

250 *bis*. Homeri opera, ed. Barnes. *Cantabrigiæ*, 1711, in-4,
  2 vol., v. br.

251. Homeri opera quæ extant omnia, gr. lat. (cur. Lebeau).
Parisiis, 1747, in-12, 2 vol., v. et bas. m.

251 *bis*. Homeri Ilias et Odyssea, græcè (editio sumptibus D.
D. Ruckingham et Grenville excusa, curis Th. Grenville,
R. Porson, Randolph, Cleaver et Royers). *Oxonii*, 1800,
p. in-4, 4 tom., 2 vol., cuir de Russie, dent., d. s. tr.

    Très bel exemplaire d'un ouvrage rare en France.

252. Homeri Ilias (gr.) interpretatio latina adjecta est ex
editione Sam. Clarke. *Glasguæ*, *Foulis*, 1747, p. in-8,
4 tom., 3 vol., v. m.

253. L'Iliade complète d'Homère, texte grec; par J. B. Gail.
Paris, 1810, in-12, 2 tom., 1 vol. bas. rac. — L'Odyssée
d'Homère, trad. en français, avec des remarq. par Mme Dacier, édit. revue, corrigée et augmentée. *Paris*, 1744 , in-12,
4 vol., v. m.

254. Les œuvres d'Homère, trad. du grec par Mme Dacier,
avec l'introduction par Banier, et 54 figures qui servent de
preuves. *Leide*, 1766, in-12, 7 vol., bas. pof.

255. Œuvres d'Homère, trad. par D. Dugas Montbel. *Paris*,
1825, 4 vol. in-8, d. rel.

256. L'Odyssée d'Homère, trad. en vers, avec des remarques,
suivie d'une dissertation sur les voyages d'Ulysse; par M. de
Rochefort. *Paris*, 1777, gr. in-8, pap. d'Hollande v éc.

fil. — L'Iliade , traduit en vers français par Aignan. *Paris*, 1809, in-12, bas. rac.

257. L'Iliade d'Homère traduite en hollandais, par van Sgravenweert. *Amst.*, 1818-19 , in-8, 4 vol., bas. rac.

258. Clavis Homerica, sive lexicon vocabulorum omnium, quæ in Iliade Homeri, nec non potissimâ Odyssæ parte continentur. Opus nunc summo studio recusum (à Georgio Parkins), accedit Mich. Apostolii proverbia, gr. et lat. nunq. ita antea edita. *Roterodami* , 1655, p. in-8 , v. m. — Homeri Gnomologia, gr. lat. cum triplici indice Sententiarum, locorum sacræ scripturæ et vocabulorum, quibus mantissæ loco accessit appendix, per Jacobum Duportum. *Cantab.*, 1660, p. in-4 , vél.

259. Index vocabulorum in Homerâ Iliade atq. Odyssea cœterisque quotquot extant poematis, studio M. Wolfgangi Seberi Sulani, editio nova auctior et emendatior. *Oxonii*, 1780 , in-8 , rac., rel. angl.

260. Initia Homerica , sive excerpta ex Iliade Homeri cum locorum omnium græca metaphrasi ex codicibus. Bodleianis et novi collegii manuss. nunc primum edita , edidit Th. Burgess. *Londini*, 1820, gr. in-8 , pap. vél., cart. angl.

261. Incerti scriptoris græci fabulæ aliquot Homericæ de Ulissis erroribus ethicæ explicatæ, vertit notasq. necessarias adjecit Joan Colombus. *Lugd-Bat.*, 1745 , in-8 , v. m.

262. Apotheosis vel consecratio Homeri. Lapis antiquissimus in quo poetarum principis Homeri consecratio sculpta est, commentario illustratus a Gisberto Cupero. Explicat. Gemmæ Augustæ , numismata antiqua explicata, inscriptiones et marmora antiqua exposita et illustrat., auctore eodem. *Amst.*, 1683.=Explication nouv. de l'apothéose d'Homère, représentée sur un marbre ancien, par M. Schott, fig. *Ibid.*, 1714 , 2 tom. 1 vol. in-4, vél. bl. — Everhardi Feithii antiquitatum Homericarum lib. quatuor, éditio nova prioribus multum emendatior, notis et indicibus aucta atque fig., illustrata, curis M. El. Stoeber. *Argentor.*, 1743 , p in-8, v. j. — Aug. Guil. Schlegel de geographia Homerica commentatio. *Hanoveræ*, 1788, p. in-8, v. rac., fil., — Car. Travg. Gottl. Schœnemann , commentatio de geographia Homeri. *Gottingæ* , 1787, gr. in-4, d.-r.

263. An essay on the original genius and writings of Homer, with a comparative view of anc. and present state of the Troade, illustrated with a map of Troy; by Robert Wood.

Dublin, 1776, in-8, v. r. — Some observations upon the vindication of Homer and of the anc. poets and historians, who have recorded siege and fall of Troy writen, by **J. B. S.** Moritt, by Jacob Bryant, *Eton*, 1799.—Additional remarks on the topography of the Troad, etc. *Ibid.*, 1799, **2** pièces in-4, en 1 vol. cart.

264. Vindication of Homer and of the ancients poets and historians, who have récorded the siege and fall of Troy, in answer to two late publications of M. Bryant, with a map and plates, by J. B. S. Morritt. *York*, 1798, in-4, cart. — Essai sur le génie original d'Homère, avec l'état actuel de la Troade comparé à son état ancien, trad. de l'angl. de M. Wood (par Demeunier), portrait et cart. *Paris*, 1777, in-8, v. rac., fil.

265. An examination of the primary argument of the Iliad; by Granville Penn. *London*, 1821, gr. in-8, pap. vél., cart. angl.

266. Sur l'étude d'Homère, etc.; par H. Weisze. *Leipzig*, 1826, in-8, br. (en allemand).—Essai sur la beauté morale de la poésie d'Homère; par P. Van Limburg Brouwer, trad. du hol landais. *Liége*, 1829, in-8, br.—Remarq. sur Virgile et sur Homère et sur le style poétique de l'écriture sainte ; ou l'on réfute les inductions pernicieuses de Spinosa, Grotius, le Clerc et quelques opinions particulières du P. Malebranche, L'Elevel et Simon (par l'abbé Faydit). *Paris,* 1705, in-12, v. j.

267. Hesiodi ascræi quæ extant (gr. lat.), cum notis variorum; accessit Alberti Barlæi theogoniam commentarius; operâ et studio Corn. Schrevelii. *Lugd.-Bat*, 1650, p. in-8, 2 tom. 1 vol., mar. r.

268. Traduction complète des odes de Pindare, en regard du texte grec, avec des notes à la fin de chaque ode, par R. Tourlet. *Paris*, 1818, 2 vol. in-8, v. porf., dent.

269. Le Pindare Thébain, trad. de grec en français mêlée de vers et de prose, avec les figures qui représentent les principales des odes, par de Lagausie. *Paris*, 1626, p. in-8, d. r.

270. Empedoclis et Parmenidis fragmenta ex codice Taurimensis bibliothecæ restituta et illustrate ab Amedeo Peyron. *Lipsiæ*, 1810, in-8, d. r.

271. Idylles de Théocrite, traduites en français avec des remarques par Jules Louis Geoffroy. *Paris*, 1800, in-8, d.-r.

272. Idylles et autres poésies de Théocrite, traduites en français

avec des notes critiques et un discours préliminaire par
Gail. *Paris*, 1792, in-12, cart.

273. Theocriti quæ extant cum græcis scholiis (curâ Rich.
West). *Oxoniæ*, 1699, in-8 , bas. rac.

274. Triphiodori grammatici, Ilii expugnatio (gr. lat.),
à Federico Iamotio latinitate donata, et annotationibus illustrata. *Lutetiæ*, 1557, p. in-8, v. éc.

275. Commentatio de Q. Smyrnæi Paralipomenis Homeri,
qua novam carminis editionem indicit Thomas Christian.
Tychsen, cum epistola C. G. Heynii in qua obiter consilia
de nova Homeri editione agitantur. *Gœttingæ*, (1783,) in-8,
d.-r.

276. Guerre de Troie depuis la mort d'Hector jusqu'à la ruine
de cette ville, poème en xiv chants, par Quintus de
Smyrne, traduit du grec en français par R. Tourlet. *Paris*,
1800, 2 vol. in-8, d.-r.

277. Guerre de Troye depuis la mort d'Hector jusqu'à la ruine
de cette ville, poème en xiv chants, par Quintus de Smyrne,
faisant suite à l'Iliade, et trad. pour la 4.re fois en français
par R. Tourlet. *Paris*, 1800, 2 vol. in-8, rel. en cart.

> On trouve dans l'exemplaire des notes de M. Lechevalier qui
> relèvent les passages fautifs de cette traduction. Ces notes sont
> écrites sur feuillets blancs ajontées à l'ouvrage.

278. Q. Smyrnæi post Homericorum lib. xiv, nunc primum
ad librorum manuss. fidem et virorum doctorum conjectu-
ras recensuit, restituit et supplevit Th. Christ. Tychsen.
Accesserunt observationes Chr. Gottl. Heynii. *Argentorati*,
1807, gr. in-8, bas. rac.

279. Quinti Calabri prætermissorum ab Homero lib. xiv
græce, cum versiona latina et integris emendationibus
Laurentii Rhodommanni et adnotamentis selectis Cl. Daus-
queji; curante Joan. Cornelio de Paw, qui suas etiam
emendationes addidit. *Lugd.-Bat.*, 1734, in-8, vél.

280. Phile de animalium proprietate, ex prima editione
Arsenii et libro Oxoniensi restitutus a Joannæ Cornelio de
Pauw, cum ejusdem animadversionibus et versione latina
Greg. Bersmanni, gr. et lat. *Traj. ad Rhen*, 1730, p. in-4,
v. éc., fil.

281. P. Virgilii opera, cum integris commentariis Servii,
Phylargyri, Pierii accedunt Scaligeri et Lindenbrogii notæ
ad culicem, cirin, catalecta, ad cod. manuss. reg. Parisien-

sem recensuit Pancratus Masvicius, cùm indicib. et figuris.
Leovardiæ, 1727, 2 vol., in-4, v. j.

282. P. Virgilii Maronis opera, ex fide Nic. Heinsii ope tri-
ginta manuss. restituta cum notis integris Caroli Ruæi.
Colon. Munatianæ, 1782, grand in-12, 5 vol., bas. m. —
La Géographie de Virgile, accompagnée d'un carte géographique par Hellier. *Paris*, 1771, in-12, bas. rac.

283. Etudes grecq. sur Virgile, ou recueil de tous les passages
des poètes grecs imités dans les Bucoliq., les Géorgiq. et
l'Enéide, avec le texte latin et des rapprochem. littéraires,
par F. C. Eichhoff. *Paris*, 1825, in-8, 5 vol., d.-r.

284. Q. Horatius Flaccus cum comment. selectissimis variorum. et scholiis integris Joan. Bond : acced. indices aucto-
rum : tum rerum accuranta Corn. Schrevelio. *Lugd.-Bat.*,
1663, in-8, mar. cit. aux armes du roi. (Notes manuscrites de M. Le Chevalier sur feuilles détachées.) — Traduction des œuvres d'Horace, par Réné Binet, ive édit., revue
par M. Jannet. *Paris*, 1816, 2 vol. in-2, v. porph.

285, Di Q. Orazio Flacco satira v, trad. italiana con rami
allusivi. *Parma co' tipi, Bodoniani*, 1818, gr. in-4, pap. d.-.r.

   Don de la duchesse de Devonshire, née Hervey, à M. Lechevalier. Le tout de l'écriture de la duchesse. (Ne s'est pas vendu.)

286. P. Ovidii Nas. opera quæ supersunt. *Parisiis*, 1793,
in-12, 5 vol., v. porph., fil.

287. P. Ovidii Nasonis epistolar. Heroidum liber : interpret.
et notis illustravit D. Crisp. Helvetius, accessit index locu-
pletissimus. *Lond.*, 1783, gr. in-8, bas. jas. — Métamor-
phoses d'Ovide, trad. par l'ab. Banier, fig. *Ibid.*, 1788,
5 vol. in-12, bas. m.

288. M. Manilii astronomicon lib. v, accessere M. Tulli Ciceronis aratæa, cum interpretatione gallico et notis edente Al.
G. Pingré. *Parisiis*, 1786, 2 vol. in-8, bas. fau. — Idem
opus. *Ibid.*, 1786, in-8, 2 vol., v. m.

289. Jul. Phædri fabulæ novæ et veteres, cum selectis ex-
utriusque commentario notis; (operâ et studio Chambry).
Parisiis, 1812, in-8, pap. vél., bas. rac.

290. D. Jun. Juvenalis Satirarum libri v, ex recognitione
Steph. And. Philippe. *Lut.-Par.*, 1747, fig. in-12, v. porph.,
fil., tr. d'or. — Satyres de Juvenal, trad. par Dusaulx.
Paris, 1782, in-8, v. m.

291. Lusiades de Luis de Camoens. *Lisboa*, 1805, 2 vol.
p. in-12, portr. br.

292. Os Luisiadas, pema epico de Luis Camoens, nova edi‑
cao correcta, e dada a luz, por Dom Joze Maria de Souza
Botelho. *Paris*, 1819, port., gr. in-8, bas. éc.

293. La Lusiade du Camoens, poème héroïq. sur la décou‑
verte des Indes orientales; trad. du portugais, par Duper‑
ron de Castera. *Paris*, 1768, in-12, 3 vol., v. éc., fil., d. s.
tr. — Orlando furioso di Lodovico Ariosto, con gli argo‑
menti di Lodovico Dolce e con la allegorie di Tomaso Porcac‑
chi da Castiglione Aretino. *Venetia*, 1641-42, p. in-12, vél.

294. Dict. des rimes, par P. Richelet, retouché par Berthe‑
lin et augm. par de Wailly père et fils ainé. *Paris*, 1799,
in-8, v. m.

295. Satiriques du xviiime siècle (publ. par Colnet). *Paris*,
1800, 7 vol. in-8, v. éc., fil

296. La Byzanciade, poème. *Paris*, 1822, in-8, d.-rel. —
L'Alexandréide, ou la Grèce vengée, poème en xxiv chants ;
par P. David. *Paris*, 1829, in-8, 2 vol., bas. rac. — L'as‑
tronomie, poème didact. lat. en viii livres, avec la trad.
française en regard et des notes; par F. M. Haumont. *Paris*,
1835.

297. Voltaire, ou le triomphe de la philosophie moderne,
poème en viii chants avec une épilogue, par Jos. Berchoux.
Lyon, 1814, in-8, d.-r. — Hommages poétiques sur la
naissance de S. M. le roi de Rome, recueillis par J. J. Lucet
et Eccard. *Paris*, 1814, fig. in-8, 2 tom. 1 vol., d.-r. —
Mes passetemps : chansons suiv. de l'art de la danse,
poème en iv, chants; par Jean Et. Despreaux, ornés de
grav. d'après les dessins de Moreau le jeune, avec les airs
notés. *Paris*, 1806, in-8, 2 vol. cart , fil.

298. Poétique anglaise; par Hennet. *Paris*, 1806, in-8,
3 vol., d.-rel

299. Poétical epistle to Benjamin count Rumfort, by Peter
Pindar. *London*, 1801, gr. in-4, cart. — The Mosiad,
or Israel delivered; a sacred poeme, in six canticles, with
notes etc., written by Ch. Smith. *London*, 1815, gr. in-4,
pap. vél., cart.

300. Théâtre des Grecs, par le P. Brunoy, enrichi de grav.
et augm. de la trad. des pièces grecques dont il n'existe

que des extraits, et d'observations et de remarques nouvelles, par de Rochefort et du Theil, et par M***. (Poinsinet
de Sivry). *Paris*, 1785-1789, 13 vol., pet. in-8, v. rac., fil.

301. Æschyli tragœdiæ, quam antea castigatiores eduntur,
scholia in easdem plurimis in locis locupletata et in penè
infinitis emendata, Pet. Victorii cura. 1557, in-4, parch.
(Exemplaire dont les marges sont chargées de notes manuscrites de L. Seruini, J. C., avec sa signature sur le titre.)

302. Sophoclis tragœdiæ VII (gr.), cum commentariis inter-
pretationum argumenti Thebaidos fabularum Sophoclis,
authore Joachimo Camerario. *Baganæ*, 1534, pet. in-8, v.
br. — Æschyli tragœdiæ septem, denuo recensuit et ver-
sionem latinam adjecit Christ. Godofred. Schütz. *Halæ*,
1700, in-8, 2 vol., v. j., fil.

303. Théâtre d'Æschyle, traduit en français (le texte grec en
regard), avec des notes philologiques et deux discours critiques, par F. J. G. de la Porte du Theil. *Paris*, 1795,
2 vol. in-8, v. m.

304. Sophoclis trag. VII, cum versione latina, additæ sunt
lectiones variantes, et notæ T. Johnsonii in IV tragœd.
Glasguæ, 1745, 2 vol. pet. in-8, v. m.

305. Sophoclis tragœdiæ septem (græcè), cum interp. latina,
et scholiis veterib. ac novis, editionem curavit Joann. Cap-
peronnier, eo defuncto, edidit, notas, præfationem et indicem adjecit, Joannes-Franciscus Vauvilliers. *Parisiis*, 1781,
2 vol. in-4, vél. vert.

306. Euripidis tragœdiæ, gr. et lat., latinam interpretationem M. Æmil. Portus correxit et expolivit, carminam ratio
ex Gul. Cantero diligenter observata, additis ejusd. in totum,
Euripidem notis. *Heidelbergæ*, 1597, pet. in-8, 2 vol.
v. m.

> La deuxième partie est piquée de vers dans les 60 première
> pages de la marge inférieure du fond.

307. Euripidis Hippolitus Coronatus (græcè), cum scholis,
versione latinâ, variis lectionibus, Valkenari notis integris,
ac selectis aliorum VV. DD. quibus suas adjunxit Franc.
Henr. Egerton. *Oxonii*, 1796, in-4, gr. pap. vél., mar.
bl., dent. extér. et intér., doublé de taffetas, tr. dor, rel. de
Bozerian.

> La note de remplacement de celle 33, imprimée in-8, est
> jointe à l'exemplaire.

308. Euripidis Alcestis, ad veterum manuscriptorum ac veterum editionum emendavit et annotationibus instruxit Jac. Henricus Monk. accedit Georgii Buchanani versio metrica., *Cantab.*, 1816, gr. in-8, pap. v. rac.

> Une lettre autographe du 25 août 1817, adressée à M. Lechevalier par M. Monck, est placée entre le faux titre et le titre de ce volume.

309. Aristophanis comædiæ undecim, gr. lat., cum notis Steph. Bergleri, nec non And. Dukeri, accedunt deperditarum comædiarum fragmenta à Theod. Cantero et Coddæo collecta, earumq. indices a Joh. Meursio et Joh. Alb. Fabricio digesti, curante P. Burmanno secundo qui præfationem præfixit. *Lugd.-Bat.*, 1760, in-4, 2 vol., vél. cordé.

310. Théâtre d'Aristophane, avec les fragmens de Ménandre et de Philémon, trad. en franç. par Poinsinet de Sivry. *Paris*, 1790, in-8, 4 vol., bas. rac.

311. P. Terentii comædiæ sex, ex Donati commentariis emendatæ. *Parisiis, Rob. Stephanus*, 1529, in-fol., d.-rel.

312. Opere di Metastasio. *Venezia*, 1804, in-18, 14 vol., d.-rel.

313. Shakespeare's dramatic works, with explanatory notes. *Lond.*, 1790, gr. in-8, 2 vol., v. rac.

> L'index de Sam. Ayscough manque.

314. Sardanapalus, a tragedy. = The two Foscari, a trag. = Appendix. = Caïn, a Mystery, by lord Byron. *Lond.*, 1821, gr. in-8, pap. vél., cart. angl. — Fazio, a tragedy, by H. H. Milman. *Oxford*, 1815. = Alexander tumulum Achillis invisens, poema recitatum in theatro Scheldoniano, A. D. 1813. = The belvidere Apollo a prize poem. *Oxford*, 1812. = Ode on the arrival of the potentates in Oxford. = Judicium regale, and ode (Oxford). = Observations on the cotton trade. In-8, 6 pièces, 1 vol., d.-r.

> Avec envoi de l'auteur Henri Hart Milman.

315. Xenophontis quæ extant opera græcè, quorum interpretationem à diversis editam Henr. Stephanus partim ipse recognovit. Anno 1571, 2 tom, 1 vol. in-fol., d.-r.

316. Xenophontis opera, gr. et lat., opera Joan. Leunclavii Amelburni. *Francof.*, 1596-98, 2 tom., 1 vol. in-fol., vélin.

317. De Xénophon : (Les Economiqnes et de l'équitation), en gr. et en franç., par Gail. *Paris*, 1775, in-8, bas. m. —

Traité de la chasse, trad. en franç. par Gail.; fig. *Paris*,
1801, in-18, rel. en cart., fil. — Mythologie dramatique de
Lucien, en grec, en latin et en français, par L. C. Gail. *Pa-*
ris, 1798, gr. in-4, d.-r.

318. Plutarchi quæ extant (gr. et lat.), *Francof.*, 1620, 2 vol.
in-fol., vél., *bel exempl.*

319. De Plutarque : Œuvres morales et meslées, translatées
de grec en français, par Jacq. Amyot. *Paris, Mich. de Vas-*
cosan, 1572, in-fol., vél. marbré. — Les vies des hommes
illustres de Plutarque, translatées de grec en français, par
Jacq. Amyot. *Laus.*, 1574 et *Lyon*, 1587, in-fol., 2 vol.,
vélin.

320. Luciani opera græcè, cum latina interpretatione, cura J.
Bourdelotii. *Lut.-Paris.*, 1615, in-fol., bas. jas.

321. Luciani de morte Peregrini libellus, gr.-lat., cum notis
Tan. Fabri. *Paris*, 1655. = Luciani Timon, gr.-lat. *Ibid.*
1655, in-4, 2 tom., 1 vol., vél. (Exemplaire de Dan. Huet,
évêque d'Avranches.) — Juliani imper. opera, gr. et lat.,
Petro Martinio Cantoclaro et Th. Marcilio edita. *Parisiis*,
1583, in-12, 4 part., 1 vol. v. m.

322. Œuvres complètes de l'empereur Julien, trad. du grec
en français, avec notes, par R. Tourlet. *Paris*, 1821, in-8,
2 vol., d.-r.

323. Philostratorum quæ supersunt omnia : accessere Apol-
lonii Tyanensis epistolæ, gr. et lat., cum notis Gottfridi
Olearii. *Lipsiæ*, 1709, in-fol., v. jas. à comp., rel. angl.

324. Claudii Æliani opera, græcè et latine, ed. Conrado Ges-
nero. *Tiguri*, 1556, in-fol., bas. rac.

325. De Cicéron : Traité de l'orateur, lat. et franç., avec notes,
par Colin. *Paris*, 1805, in-12, bas. m. — Lettres à Atticus,
avec des remarques et le texte latin, par Montgault. *Paris*,
1787, 4 vol. in-12, bas. jas. — Traduction nouvelle des
traités de la vieillesse et de l'amitié, et des paradoxes, par
Gallon-la-Bastide. *Paris*, 1804, in-12, d.-r. — Les livres
de la vieillesse, de l'amitié, les paradoxes, le songe de Sci-
pion. Lettre politique à Quintus, trad. nouv. avec le texte
latin, revu par de Barrett. *Paris*, 1809, in-12, v. rac., fil.

326. Opuscules (recueil composé d'articles insérés dans les
années 7, 8, 9 et 10 du Journal de Paris, par Rœderer).
Paris, an x (1802), in-8, 2 vol., v. rac. de coul., tr. dor.

327. The works of Edmund Burke. *London*, 1815, gr. in-8,
12 vol., v. fau., fil. *Reliûre de Hering.*

328. Dictionnaire des proverbes français. *Paris*, 1821, in-8, d.-r.

329. Les colloques d'Erasme, traduits par Gueudeville, avec des notes et des fig. *Leide*, 1720, 6 vol. in-12, v. br.

> Au tome 1er une piqûre qui traverse la marge inférieure de devant.

HISTOIRE.

330. Méthode pour étudier l'histoire, par Lenglet du Fresnoy ; édition revue, corrigée et considérablement augmentée par Drouet. *Paris*, 1772, 15 vol. in-12, d.-r., pap. bl. inter- callé entre chaque page.

331. Le grand dictionnaire géographique, historique et cri- tique, par Bruzen de la Martinière. *Paris*, 1768, in-fol., 6 vol., v. m.

> Note autographe de M. Delalande.

332. Introduction à la géographie mathématique et critique, et à la géographie physique, par S. F. Lacroix ; revue, aug- mentée et ornée de cartes et de planches. *Paris*, 1811, in-8, bas. rac. — Géographie générale, composée en latin par Bernard Varenius ; revue par Isaac Newton, augmentée par Jacq. Jurin, trad. de l'anglais en français par de Puisieux ; avec figures. *Paris*, 1755, in-12, 4 vol., v. m.

333. Strabonis de situ orbis libri XVII, græcè et latine, olim à Guarino et Gregorio Trifernate in latinum conversi ac deinde Conradi opera ad ejus generis autorum fidem reco- gniti accessit rerum et verborum index. *Basileæ*, 1549, in-fol.

334. Géographie de Strabon, traduite de grec en français, par de la Porte du Theil et Coray, avec des notes et une intro- duction par M. Gosselin. *Paris, imp. impér. et royale ,* 1812-1819, gr. in-4, fig., 5 vol., v. rac., dent.

335. Pausanias, ou voyage historique de la Grèce, trad. en franç. avec des remarques, par l'abbé de Gedoyn ; fig. *Paris*, 1751, in-4, 2 vol., v. m.

336. Phil. Cluverii Sicilia antiqua, opus post omnium curas elaboratissimum, tabulis geographicis, ære expressis, illustratum. Editio auctior et emendatior. *Lugd.-Bat.* (s. a.), gr. in-fol., v. jas., fil., b. b. d. s. tr.

337. Description of the plain of Troy, by M. Chevalier, translated with notes by Dalzel. *Edinburg*, 1791, gr. in-4, v. fau., fil. — Observations upon a treatise, entitled a description of the plain of Troy, by M. Lechevalier, by Jacob Bryant. *Eton*, 1795. = A. Letter to Jacob Bryant concerning his dissertation on the war of Troy, by Gibl. Wakefield. *London*, 1797, 2 tom., 1 vol. gr. in-4, d.-r.

338. The topography of Troy and its vicinity, illustrated and explained by drawings and descriptions, by W. Gell. *Lond.*, 1804, gr. in-fol., pap. vél. d'Holl., mar. r., fol. dent., bords bord., tr. d'or.

339. Observations on the topography of the plain of Troy, with à map, by James Rennell. *London*, 1814, gr. in-4, pap. vél., bas. rac. (On a joint à la fin du vol. plusieurs lettres de M. de Hammer, et le n° 10 du Journal littéraire de Vienne du 3 février 1815, dans lequel ce dernier rend compte de l'ouvrage de James Rennell.) — Remarks and observations on the plain of Troy, made during an excursion in june 1799, by Will. Francklin. *London*, 1800, map., in-4, d.-r. — M. Chevalier's, Tableau de la plaine de Troye, illustrated and confirmed. from vol. IV, of transactions of the Royal Society. *Edinburg*, 1798, fig. et cart., in-4, d.-r.

Don de la Société à M. Lechevalier.

340. The geography and antiquities of Uhaca, by Will. Gell, with a map and plates. *Lond.*, 1807, gr. in-4, pap. vél. mar. r., dent., tr. dor.

341. Topography illustrative of the battle of Platæa, by John Spencer Stanhope. *Lond.*, 1817, gr. in-8, et Atlas gr. in-fol., obl., cart.

342. Topografical sketches of Megalopolis, Tanagra, Aulis, and Eretria, by John Spencer Stanhope; 1831, cartes, gr. in-fol., pap. vél., cart. angl.

Don de l'auteur.

343. Olympia; of topography illustrative of the actual state, of the plain of Olympia, and of the ruins of the city of Elis, by John Spencer Stanhope. *Lond.* 1824, in-fol., atlant. fig., pap. vél., d.-r. angl., dos cuir de Russie.

344. Descrizione geografica dell' isola di Sicilia e dell' altre sue adjacenti (da Domenico Adorno). *Palermo*, 1798, pet.

in-8 cart. — Dizionario geografico del regno di Sicilia composto dall' abate Franc. Sacco. *Palermo*, 1799-1800, pet. in-4, 2 tom., 1 vol., d.-r.

345. Géographie physique et politique de l'Espagne et du Portugal, suivie d'un itinéraire détaillé de ces deux royaumes, par don Isidore Antillon. *Paris*, 1823, in-8, rel. en cart. — Libro tercero de la geografia de Strabon, che comprehende un tratado sobre Espana antigua, tracidudo del latin por don Juan Lopez Carta. *Madrid*, 1787, pet. in-8, bas. rac.

346. Le Voyageur curieux, ou vues des routes de France, grav. par J. Dezauches. = L'indicateur fidèle, ou guide des voyageurs, qui enseigne toutes les routes royales et particulièrement de la France, assujéties à une graduation géométrique, dressé par Michel, et dirigé par Desnos. *Paris*, 1767, in-4, d.-r. — Description routière et géographique de l'empire français : Routes de Paris à Lyon, à Turin, à Rome et à Naples, à Genève, à Aix, à Beaucaire, à Milan ; et de Paris à Calais, de Marseille à Gênes, de Paris à Gênes, Florence etc., chaque route a sa carte particulière enluminée par Vaysse de Villiers. *Paris*, 1813-1819, 10 vol. in-8, br.

347. Le Théâtre du monde, ou nouvel atlas mis en lumière par Jean et Guillaume Blaeu. *Amst.*, 1648, 7 vol. in-fol. atlant., frontisp. color., et rehaussés en or, vél. bl., à comp., d. s. t.

348. Atlas ou recueil de 167 cartes de toutes les parties du monde, dressées par Delisle, Jaillot et autres célèbres géograghes. 2 vol. in-fol. atlant., v. m., fil.

349. Novum et magnum theatrum urbium Belgicæ et regiæ fœderatæ. *Amst.*, (sine anno) 1649, 2 vol. atlant., vél. bl., à comp., d. s. tr.

350. Guide des voyageurs en Europe, contenant un aperçu statistique de l'Europe ; des instructions sur la manière de voyager ; l'itinéraire des postes, relais, etc., par M. Reichard, divisé en 3 parties, nord centre et sud (par Hyac. Langlois). *Paris*, 1819, in-12. 2 vol. et atlas in-8, cartonnés. — Carte d'Allemagne, où en cinq feuilles l'on peut voir comme elle est distinguée en dix cercles ou provinces; par Melchior Tavernier. *Paris*, 1633, gr. in-fol., cart. — Avertissement ou introduction à la carte générale et particulière de la France, par M. Cassini de Thury, carte. (*Paris*, s. d.) in-4, cart.

351. Itinéraire descriptif de la France et de l'Italie, par Vaysse

de Villiers, carte. *Paris*, 1818, in-8, br. — Itinéraire des routes les plus fréquentées, ou journal d'un voyage aux villes principales de l'Europe (par Dutens) *Paris*, 1775, pet. in-8, d.-r.

552. De l'utilité des voyages, et de l'avantage que la recherche des antiquitez procure aux sçavans, par Baudelot de Dairval, fig. *Rouen*, 1727, 2 vol. in-12, v. j. — Bibliothèque universelle des voyages. par G. Boucher de la Richarderie. *Paris*, 1808, in-8, 6 vol., v. rac.

552 *bis*. Voyages en Russie, en Tartarie et en Turquie, par Clarke, trad. de l'angl. *Paris*, 1813, 5 vol. in-8, v. rac. — Mém. de la correspondance d'un voyageur avec Caron de Beaumarchais, sur la Pologne, la Lithuanie, la Russie blanche, Pétersbourg, Moscou, la Crimée, etc., par M. D... (Mehée de la Touche). *Paris*, 1807, in-8, rel. en pap. puce, fil.

553. Recueil de voyages et de mémoires publiés par la société de géographie, tome 1ᵉʳ; Voyages de Marco Polo, introd., texte, glossaire et variantes, par Roux. *Paris*, 1924, in-4, br.

554. Journal du voyage de Chardin en Perse et aux Indes orientales, 1ʳᵉ partie. Voyage de Paris à Ispahan, 1686, in-fol., v. m.

555. Les six Voyages de J. B. Tavernier en Turquie, en Perse, et aux Indes. *Rouen*, 1713, 6 vol. in-12, fig. v. br.

556. Voyage along the coast of Corea, to Island of Lewchew; by John M. Leor, fig. col., in-8, bas. rac. — Journal du voyage de Siam, fait par l'abbé de Choisy. *Trévoux*, 1741, in-12, v. j.

557. Voyage en Arménie et en Perse, fait dans les années 1805 et 1806, par M. Jaubert. *Paris*, 1821, in-8, bas. rac. — Journal d'un voyage dans la Turquie d'Asie et la Perse, fait en l'année 1807 et 1808, in-8, d.-r.

> On a joint à ce journal un vocabulaire, en italien, turc et persan, donné par le prince Timurat-Mirza au passage de l'auteur à Tauris. *Marseille*, 1809, in-8, d.-rel.

558. Correspondance d'Orient, 1830-1831, par M. Michaud et M. Poujoulat. *Paris*, 1833-35, in-8, 7 vol., bas. rac.

559. Voyage de Levant. par le sieur de C. *Paris*, 1624, pet. in-4, d.-r. — Voyage dans les Indes orientales; par Grose, trad. de l'angl. par Hernandez. *Paris*, 1758, in-12, bas. m. — Voyages dans le Levant, par Frédéric Hasselquist, publié

par Ch. Linnæus, trad. de l'allemand par M*** (Eidous). *Paris*, 1769, 2 p., 1 vol. in-12, v. m.

360. Voyages historiques de l'Europe, par C. Jordan. *Paris*, 1695, 4 vol. in-12, v. j. — Voyage de France, d'Espagne et d'Italie, par M. S*** (Silhouette). *Paris*, 1770, le tome 2 vol., pet. in-8, d.-r.

361. Voyage dans l'empire Othoman, l'Egypte et la Perse, par G. A. Olivier. *Paris*, 1801, 3 vol. gr. in-4, bas. rac. et atlas in-fol., d.-r.

362. Discours et histoire véritable des navigations, pérégrinations et voyages faits en la Turquie par Nicolas de Nicolay, iv livres, édit. revue et augmentée de quelques fig. *Paris*, 1586, pet. in-4, rel. en parch. jas., rare.

363. Les Voyages du sieur du Loir, ensemble de ce qui se passa à la mort du sultan Mourat dans le sérail, les cérémonies de ses funérailles et celles de l'avènement à l'empire du sultan Ibrahim son frère, qui lui succéda, avec la relation du siège de Babylone, fait en 1639, par le sultan Mourat. *Paris*, 1654, pet. in-4, v. m.

364. Voyage en Morée, à Constantinople, en Albanie et dans plusieurs autres parties de l'empire Othoman, par F. C. H. L. Pouqueville, orné de fig. et de vues nouvelles. *Paris*, 1805, in-8, 3 vol. bas. rac. — Giornale di un viaggio da Constantinople in Polonia dell abate Boscovich, con una sua relazione delle rovine di Troja. *Bassano*, 1784, gr. in-8, v. m.

365. Nouveau voyage dans la Turquie d'Europe et d'Asie et en Arabie, par J. Griffiths, trad. par M. B. Barère de Vieuzac. *Paris*, 1812. 2 vol., v. rac., fil. — Voyage à Constantinople, en Italie et aux îles de l'Archipel, par l'Allemagne et la Hongrie (par M. de Sallaberry). *Paris*, 1799, in-8, v. m., fil. — Voyage à l'embouchure de la Mer Noire, ou essai sur le Bosphore, précédé de considérations générales sur la géographie, par Andréossy. *Paris*, 1818, in-8, bas. rac., et atlas in-fol., d.-r.

366. Vues topographiques recueillies dans un voyage au Levant, par de Hammer. *Vienne*, 1811, in-8, fig., bas.

367. Voyages dans l'Asie mineure et en Grèce, faits dans les années 1764, 1765 et 1766, par le Dr Rich. Chandler; trad. de l'angl. par J. P. Servois et Barbié du Bocage. *Paris*, 1906, in-8, 3 vol., v. rac.

368. Journal of a tour in Asia minor, by W. Mart. Leake, accompanied by a map. *Lond.*, 1824, in-8, v. éc. — Itine-

raty of tho Morea, being a description of the routes of that peninsula, by Will., Gell. carte. *Lond.*, 1818, pet. in-8, pap. vél.; cartonn. angl.

Envoi de l'auteur à M. Le Chevalier.

369. Voyage littéraire de la Grèce, ou lettres sur les Grecs anc. et mod., avec un parallèle de leurs mœurs, par Guys; édit. revue corrigée et augmentée d'uu voyage de Sophie à Constantinople, un voyage d'Italie et quelques opuscules du même, fig. *Paris*, 1776, 2 vol. in-8, v. c., fil. — Voyage sur la scène des vi derniers livres de l'Enéide, suivi de quelques observations sur le Latium mod., par Ch. Victor de Bonstetten.

370. The itinerary of Greece with a commentary on Pausanias and Strabo and account of the monuments of antiquy at present existing in that country, compiled in the years 1801, 2, 5, 6, by W. Cell, fig. et cart. *Lond.*, 1810, in-4, gr. pap. vél., v. rac., fil.

Don de l'auteur à M. Le Chevalier.

371. Voyage dans la Grèce; par F. C. R. de Pouqueville, cartes et fig. *Paris*, 1820, in-8, 5 vol., d.-r.

372. Travels to the Morea, by Leake. *Lond.*, 1830, in-8, 5 vol., v. éc.

373. Voyage en Grèce fait dans les années 1803 et 1804, par J. L. S. Bartholdy; trad. de l'allemand, par A. du C****, fig. *Paris*, 1807, 2 vol. in-8, d.-r. — Voyage dans la Grèce asiatique à la peninsule de Cysique à Brusse et à Nicée, traduit de l'italien de Domin. Sestini (par Pingeron). *Paris*, 1789, in-8, d.-r. — Voyage en Sicile, dans la grande-Grece et au Levant; par le Bar. de Riedsel; suivis de l'histoire de la Sicile, par le Novaïri, traduit de l'arabe de Novaïri par J. J. A. Caussin. *Paris*, 1802, in-8, d.-r. — Voyage a Tine l'une des îles de l'archipel de la Grèce; par Marcaky Zalloni, avec une carte générale de l'île de Tine. *Paris*, 1809, in-8, br.

374. Lettres sur la Grèce, l'Hellespont et Constantinople; par Castellan : avec 20 dessins de l'auteur, gravés par lui même et deux plans. *Paris*, 1811, in-8, v. rac. — Lettres sur la Morée et les îles de Cérigo; par A. L. Castellan; avec 25 dessins de l'auteur, gravés par lui-même et trois plans. *Paris*, 1808, in-8, 2 part. 1 vol., v. r.

375. Voyage de la Propontide et du Pont-Euxin, avec la carte générale de ces deux mers, celle particul. de la plaine du

Brousse en Bythinie, celle du Bosphore de Thrace, et celle
de Constantinople, accompagnée des monumens anciens et
modernes de cette capitale; et deux autres cartes par J. B.
Lechevalier. *Paris*, 1800, in-8, 2 vol., bas., fil.

376. Voyage de la Troade, fait dans les années 1785 et 1786,
par J. B. Lechevalier. *Paris*, 1802, in-8, 2 vol., v. rac.,
fil. avec notes manuscrites de l'auteur sur feuilles détachées
et atlas in-fol., d.-rel.

377. Le même traduit en allemand par C. G. Lenz; mit viii kup-
fern und 1 charte. *Altenbourg*, 1800, in-8, mar. r., fil., tr.
dor. (*On a joint à l'exemple, un extrait et des notes manuss.*)—
La plaine de Troie d'après Choiseul Gouffier, par Lenz;
Neu-Strelitz, 1798, in-8, v. rac., fil.
    Lettre de M. Charles Bottiger à M. Le Chevalier.

378. Le même traduit en hollandais, par Wiselius. *Amst.*,
1808, 1810, in-8, 2 vol. v., rac.

379. Voyages physiques et lithologiques dans la Campanie;
par S. Breislak, traduits et accompagnés de notes, par le
général Pommereuil. *Paris*, 1801, in-8, 2 vol., bas. fil. —
Voyage aux îles de Lipari, fait en 1781, ou notices sur les
îles Æoliennes, pour servir à l'histoire des volcans; par Deodat de Dolomieu. *Paris*, 1783, in-8, v. m. — Lettres sur la
Sicile et sur l'île de Malthe, par le comte de Borch; orné de la
carte de l'Etna, de celle de la Sicile ancienne et moderne,
avec 27 estampes. *Turin*, 1782, in-8, 2 vol., bas. m. —
Voyage critique à l'Etna en 1819; par J. A. de Gourbillon.
Paris, 1820, in-8, 2 vol., d.-r.

380. Voyages dans les deux Siciles et dans quelques parties des
Apennins; par Spallanzani, traduit de l'italien par G. Tos-
can; carte et fig. *Paris*, 1800, in-8, 6 vol., bas. rac. —
Viaggio per tutte le antichità della Sicilia descritto da Igna-
zio Paterno, principe di Biscari. *Napoli*, 1781, in-4, d.-r.

381. Voyage historique et politique au Montenegro; orné de
12 gravures coloriées, par L. C. Viallat de Sommières.
Paris, 1820, in-8, 2 vol., cart. — Séjour d'un officier français en Calabre. *Paris*, 1820, in-8, cart.

382. Voyage en Sicile et à Malthe, traduit de l'anglais de
Brydone, par M. Demeunier. 10 cartes. *Paris*, 1776, in-12,
2 vol., v. porph. — Voyage de Londres à Gênes; par Jos.
retti, trad. de l'angl. (par Henry Rieu). *Amst.*, 1777,
in-12, 2 vol., v. m. — Voyage de Terracine à Naples, par

Ferdinand Bayard. *Paris*, 1803, in-12, rel. et couv. en
pap. bleu, fil.

583. Journal du voyage d'Espagne. *Paris*, 1669, in-4, v.
br. — Voyage en Espagne et en Portugal, dans l'année
1774, avec une relation de l'expédition des Espagnols contre les Algériens en 1775; par Will. Dalrymple, traduit de
l'anglais (par Romance, marquis de Mesmont), une
carte. *Paris*, 1783, in-8, v. éc.—Voyage du duc du Châtelet,
en Portugal, avec notes; par Bourgoing. *Paris*, 1798,
in-8, 2 vol., bas. rac.

584. Les jeunes marins, ou voyage d'un capitaine de vaisseau
avec ses enfans sur les côtes et dans les ports de mer; orné
de 40 vues des ports de France, par M. V****. *Paris*, 1827,
in-12, 5 vol., v. porph.

585. Journal d'un voyage de France et d'Italie, fait en l'année 1664. *Paris*, 1670, in-8, v. éc. — Voyage en France;
par Arthur Young, traduit de l'anglais par F. S. (Soulés).
Paris, 1795, in-8, 3 vol., d.-r.

586. Travels in France, during the years 1814-15. *Edimb.*,
1816, 2 vol. in-8, d.-r. — A letter from Paris, to George
Petre, by John Chetwode Eustace. *London*, 1814, pap.
vél. in-8, d.-rel.

587. Voyage fait en 1787 et 1788, dans la cidev. haute et
basse Auvergne; par Legrand. *Paris*, 1795, 3 vol. in-8,
d.-rel.

588. Voyage dans les 13 cantons suisses, par Robert. *Paris*,
1789, 2 vol. in-8, bas. m.

589. Voyage en différentes parties de l'Angleterre, par W.
Gilpin, traduit de l'anglais par Guédon de Berchère, orné
d'un grand nombre de gravure colloriées, et en noir. *Paris*,
1789, in-8, 2 vol., v. rac., fil.

590. Voyage en Angleterre, en Ecosse et aux îles hébrides; par
B. Faujas de Saint-Fond, cartes et fig. *Paris*, 1797, in-8,
2 vol.

291. Voyages aux montagnes d'Ecosse et aux isles Hébrides,
de Scilly d'Anglesy, etc, traduit de l'anglais, ouvrage enrichi de cartes et de beaucoup de vues et dessins. *Genève*,
1785, in-8, 2 vol., v. m.

592. A Tour in Scotland, 1769 (by Th. Pennant). *London*,
1772, with plates, gr. in-8, bas. rac.

593. A tour through the whole Island of Great Britain; divi-
ded into journeys, interspersed with useful observations,

by C. Cruttwell with maps. *London*, 1801, in-8, 6 vol., cart. angl.

394. Voyage en Pologne, Russie, Suède, Dannemarc, etc., par Will. Coxe, traduit de l'anglais et augmenté d'un voyage en Norwège; par P. H. Mallet, orné de cartes, portraits et fig. *Genève*, 1786, 4 vol. in-8, d.-r.

395. Voyage en Allemagne et en Suède, contenant des observations sur les phénomènes, les institutions et les mœurs, des traits historiques sur les monumens, des anecdotes sur les hommes célèbres et le Tableau de la dernière révolution de Suède, par J. P. Catteau. *Paris*, 1810, in-8, 3 vol., bas. rac.

396. Voyage en Allemagne, par le baron de Riesbeck, traduit de l'anglais (par Brissot Warville), avec portrait, plans et cartes. *Paris*, 1788, in-8, 3 vol., v. m. — Voyage en Hongrie; précédé d'une description de la ville de Vienne et des jardins impériaux de Schœnbrun, par Rob. Townson; traduit de l'anglais par C. Cantwell, enrichi de la carte générale de la Hongrie et de xviii planches. *Paris*, 1799, bas. rac.

397. A journey through Sweden, containing a detailed account of its population, agriculture, commerce and finances : with some particulars relating to the history of Denmark, by Will. Radcliffe. *Lond.* (1790), gr. in-8, d.-r.

398. L'été du nord, ou voyage autour de la Baltique; par John Carr, traduit de l'anglais par Th. P. Bertin; orné de gravures. *Paris*, 1808, in-8, 2 vol., d.-r.

399. Nouveau voyage en Danemarck, Suède, Russie et Pologne, traduit de l'anglais de Will. Coxe. *Paris*, 1794, cartes, in-8, 2 part. 1 vol., bas. rac. — Voyage à Saint Pétersbourg, en 1799, dans lequel on trouve des notes curieuses sur Paul 1er, etc., pour servir à l'histoire des événemens du xviiime siècle; par l'abbé Georgel, publ. par M. Georgel, neveu de l'auteur. *Paris*, 1818, in-8, d.-r. — Voyage en Norvège, avec des observat. sur l'histoire naturelle et sur l'économie, traduit de l'allemand de Jean Chrét. Fabricius (par Millin Winckler). *Paris*, 1802, in-8, d.-r.

401. Narrative of journey in Egypt and the country beyond the cataracts, by Thomas Leigh, map and plates. *Lond.*, 1817, gr. in-8, pap. vél., v. rac.

402. Voyage au Sénégal, ou mémoire sur les découvertes, les établissemens et le commerce des Européens dans les mers

de l'Océan Atlantique; suivi de la relation d'un voyage par
terre de l'île Saint-Louis à Galam, et du texte arabe de trois
traités de commerce faits par l'auteur avec les princes du
pays; avec des fig. et atlas, par J.-B. Léon Durand. *Paris*,
1802, in-4, 2 vol., cart. — Voyages et découvertes dans
l'intérieur de l'Afrique, par le major Houghton et Mungo-
Park, trad. de l'angl. (par M. Lallemand.) *Paris*, 1798,
in-8, d -r.

403. Voyage à la Guiane et à Cayenne, fait en 1789 et années
suivantes, par L. M. B., orné de cartes et grav. *Paris*, 1797,
in-8, d.-r. — Histoire de l'expédition aux rivières de l'O-
rénoque et d'Apurée dans l'Amérique méridionale, par le
colonel Hyppisley, trad. de l'angl. par M. ***. *Paris*, 1819,
in-8, d.-r.

404. Journal du voyage du marquis de Courtenvaux, pour
essayer, par ordre de l'académie, plusieurs instrumens relatifs à la longitude, mis en ordre par M. Pingré et M. Messier; fig. *Paris*, *Imp. Roy.*, 1768, in-4, vél. éc., fil. —
Supplément au journal du voyage à l'équateur et au livre
de la mesure des trois premiers degrés du méridien, par de
la Condamine. *Paris*, 1752-54, 2 part., 1 vol. in-4, cart.
— Voyages aux Indes-Orientales et en Afrique, pour l'ob-
servation des longitudes en mer, par Al. Rochon, avec
une carte générale de la mer des Indes et de la mer du Sud.
Paris, 1807, in-8, d.-r.

405. Histoire du Calendrier romain, qui contient son origine
et les changemens qui lui sont arrivez, par Blondel. *Paris*,
1699, in-4, bas. m. — Chronologie d'Hérodote, conforme
à son texte, par C. F. Volney. *Paris*, 1609, 2 part., 1 vol.
in-8, d.-r.

406. Révolutions des empires, royaumes, républiques, etc.,
par Renaudot. *Paris*, 1769, in-12, tome 1, cart. — Dissertation sur la population des anciens temps, comparée avec
celle du nôtre, par Wallace, trad. de l'angl. par E. (Eidous.)
Paris, 1769, in-8, d.-r. — Histoire des Amazones anciennes et modernes. *Amst.*, 1748, in-12, cart.

407. Recherches sur les mystères du paganisme, par de Sainte-
Croix. *Paris*, 1817. = Joan Bapt. Casparis d'Ansse de
Villoison, de triplici theologia mysteriisq. veterum com-
mentatio; fig., 2 vol. in-8, bas. rac.

408. Précis de l'histoire de la doctrine et de la discipline de la

société des Quakers; trad. de l'angl. *Lond.*, 1793, in-12, pap. vél., d.-r.

409. Flavii Josephi opera quæ extant. *Genevæ*, 1611, in-fol., v. br., fil.

410. Historia Hebræorum ab Homero hebraicis nominibus ac sententiis conscripta in Odyssea et Iliade, exposita illustrataque stud. atq. operâ Gerardi Groesii. *Dordraci*, 1704, pet. in-8, 2 tom., 1 vol., bas. j.

411. Thucydidis de bello Peloponnesiaco lib. VIII, iidem latinè, ex interpretatione Laur. Vallæ, ab Henr. Stephano recognita; 1563, in-fol., vél.

412. Histoire de Thucydide, fils d'Olorus, trad. du grec par P. Ch. Levesque. *Paris*, 1795, 4 vol. in-8, v. rac.

413. Histoire d'Hérodote, trad. du grec, avec notes (par Larcher.) *Paris*, 1802, 9 vol. in-8, v. rac.

414. Voyages d'Anténor en Grèce et en Asie, avec des notions sur l'Egypte, par Lantier. *Paris*, 1821, in-8, 3 vol., bas. rac.

415. Histoire de la guerre de Troie, attribuée à Dyctis de Crète, trad. du latin par N. L. Achaintre, avec des notes; suivie de l'histoire de la ruine de Troie, attribuée à Darès de Phrygie; trad. par Ant. Caillot. *Paris*, 1813, in-12, 2 vol., bas. rac. — Bellum et excidium Trojanum, ex antiquitatum reliquis, tabula præsertim, quam Raphael Fabrettus edidit, Iliaca delineatum, adjecto in calce commentario illustratum à Laurentio Begero. *Berolini*, 1699, pet. in-4, v fau. Recherché et rare.

416. Œuvres de Tacite, trad. en franç.; savoir : Morceaux choisis, par d'Alembert. == Annales, par J. H. Dotteville. == Histoire, par le même. == La vie d'Agricola et des mœurs des Germains, par l'abbé de la Bleterie, revue par Dotteville. == Dialogues sur les orateurs, par M. de S..... (Bourdon de Sigrais.) *Paris*, 1782-1793, 10 vol. in-12, d.-r. — Joan. Henr. Bœcleri in Taciti primordia annalium et historias commentatio. *Argentor*, 1664, pet. in-8, vél.

417. Polybii historiarum libri XVII, gr. et lat., ex interp. Nicolai Perotti et Wolfgangi Musculi. *Basil.*, 1549, in-fol., mout. rou., fil.

418. Herodiani historiæ sui temporis lib. VIII, e græco in linguam latinam conversæ ab Aug. Politiano, studio et operâ Dan. Parei. *Lond.*, 1639, gr. in-8, vél. bl.

419. Arriani opera quæ supersunt, gr. et lat. cum interpretib.

latinis et notis. ex recensione N. Blancardi. *Amst.*, 1685, fig., in-8, 2 vol., bas. fau.

420. Johan. Lomeieri de veterum gentilium lustrationibus syntagma, cum indice. *Ultrajecti*, 1681, pet. in-4, v. br. — Sepultura veterum, sive tractatus de antiquis ritibus sepulchralibus, stud. et operâ And. Quenstedt emendatus et auctus. *Wittebergæ*, 1660, pet. in-8, v. fau. fil. — Johan. Kirchmanni de funeribus Romanorum lib IV. *Lugd.-Bat.*, 1672, pet. in-12, v. j.

421. Antiquités romaines, par A. Adam, trad. de l'angl. *Paris*, 1818, in-8, 2 vol., bas. porf.

422. Description des antiques du musée royal, par Visconti et le comte de Clarac. *Paris*, 1820. = Catalogue raisonné et historique des antiquités découvertes en Egypte, par M Jos. Passalacqua; orné de 2 planch. *Paris*, 1826. = Catalogue d'objets d'arts, de M. de Choiseul-Gouffier, par L. J. J. Dubois. *Paris*, 1818, in-8, 3 vol., br.

423. Alcuni Bassirilievi della Grecia descritti at publicati in otto tavole da Eduardo Dodwell. *Roma*, 1812, in-fol., d.-rel.

424. Roma antica di Famiano Nardini. *Roma*, 1771, in-4, fig., d.-rel.

425. Catalogo di scelte antichità etrusche trovate negli scavi del principa di Canino. *Viterbo*, 1829, gr. in-4, d.-rel.

426. Muséum impérial des monumens français, par Al. Lenoir. *Paris*, 1818, in-8, bas. rac. = Opinion sur les musées, par Descine. *Ibid.*, 1805, in-8, cart.

427. Eclaircissemens sur l'inscription grecque du monument trouvé à Rosette, par Ameilhon, avec le tableau de l'inscription. *Paris*, 1803, in-4, cart. — Antiquités grecques du Bosphore-Cimmérien, publiées et expliquées par Raoul Rochette. *Paris*, 1822, gr. in-8, br.

428. Dissertation sur la maison carrée de Nismes, par M. Séguier. *Nismes*, 1776. = Supplément à la notice sur la découverte d'une habitation romaine, par Aug. Asselin, publié en 1650; fig. *Cherbourg*, 1852; et 8 autres broch. in-8 et in-4. — Mémoire sur l'antiquités des zodiaques d'Esneh et de Denderah, trad. de l'angl. (de W. Drummond.) *Paris*, 1822, in-8, gr. pap. vél., cart.

429. Introduction à la science des médailles, par Ch. Patin, (*Impression d'Elzevier.*) Se vend à Paris, 1667. (Dans cette éditon très rare se trouvent les emblêmes et devises,)

(55)

— La science des médailles (par Jobert.) *Paris*, 1692,
in-12, v. br.

450. Lexicon universæ rei numariæ veterum et præcipuæ
græcorum ac romanorum, edidit Christ. Rasche; præfatus
est Christ. Gottl. Heyne, cum supplementis. *Lipsiæ*, portrait, 1785-1802, 12 vol. gr. in-8, v. rac.

451. Recueil de médailles de rois, de peuples et de villes, qui
n'ont point encore été publiées, ou qui sont peu connues.
Paris, 1762-67. = Lettres de l'auteur (Pellerin) et additions.
Ibid., 1770, fig., in-4, 9 vol., d.-rel.

452. Description de médailles antiques, grecques et romaines,
avec leur degré de rareté et leur estimation, par T. E. Mion-
net. *Paris*, 1806-1835, fig., in-8, 17 vol., bas. rac.,
1 vol. br.

453. Essai sur les médailles antiques des îles de Céphalonie
et d'Ithaque, par C. P. de Bosset. *Lond.*, 1815, fig., in-4,
cart. — Epitome du thresor des antiquités, c'est-à-dire,
pourtraits des vrayes médailles des empp., tant d'orient que
d'occident, trad. de Jacques de Strada; par Jean Louveau.
Lyon, 1553, fig., in-4, vél., jas.

454. De l'influence des croisades sur l'état des peuples de l'Europe, par Maxime de Choiseul-Daillecourt. *Paris*, 1809,
in-8, bas. rac. — Histoire générale des descentes faites tant
en Angleterre qu'en France, depuis Jules César, par Poncet
à Grave. *Paris*, 1799, 2 vol. in-8, d.-r.

455. Histoire universelle du sieur d'Aubigné, qui s'estend de
la paix entre tous les princes chrétiens, et de l'an 1550 jusqu'en 1585. *Maillé*, 1616, 2 tom., 1 vol. in-fol., rel. en
cart.

456. Mémoire historique de mon temps, par sir Will. Wraxall,
trad. de l'angl. par R. J. Dardent. *Paris*, 1817, in-8, 2 vol.,
bas. rac. — Le congrès de Vienne, par de Pradt. *Paris*,
1815, in-8, 2 vol., bas. rac.

457. Antiquité de la nation et de la langue des Celtes, par D.
P. Pezron. *Paris*, 1703, in-12, v. br. — Abrégé de l'origine et généalogie des Français, faict et composé par Claude
du Pré, sieur du Vaux-Plaisant. *Lyon*, 1681, pet. in-8,
bas. m. — Discours sur cette question : La nation française
mérite-t-elle le reproche de légèreté, par J. J. Lemoine. *Paris*,
1809, in-8, cart.

458. Histoire de la maison de Bourbon, par Désormeaux;

portraits et arbres généalogiques. *Paris*, 1772-1786, in-4, 4 vol., v. éc., fil.

439. Histoire de St. Louis, roi de France, par le sire de Joinville; édition donnée par Paul Gervais; portrait. *Paris*, 1822, in-8, bas. porph.—Vie de Blanche de Castille, reine de France, mère de Saint Louis, par la comtesse A. de Machego, née de Bataille. *Paris*, 1828, portr., in-8, d.-r.

440. Addition à l'histoire de Louis xi, contenant plusieurs recherches curieuses sur diverses matières, par Gab. Naudé. *Paris*, 1630, in-8, parch. — Mémoire pour servir à une nouvelle histoire de Louis xii, le père du peuple. *Paris*, 1819, in-8, d.-r. — Conjuration d'Et. Marcel contre l'autorité royale, ou histoire des états-généraux de France, pendant les années 1355 à 1358, par J. Naudet. *Paris*, 1815, in-8, bas. rac.

441. Satyre menippée, de la vertu du catholicon d'Espagne, et de la tenue des états de Paris; édit. augm. de l'asne ligueur, et de nouv. remarques (par Pierre Dupuy). *Ratisb.*, 1714, pet. in-8, 2 vol., j.

442. Almanachs national de France, années 1803 et 1804. — Royal, 1814-15, 16, 17, 18, 19, 20, 21, 23, 24, 25, 27, 28, 29 et 33. *Paris*, 1803 et suiv.; et du Commerce, an xii, 1803-4. en tout 16 vol. in-8, de différ. rel

443. Histoire philosophique de la Révolution de France, par Fantin-Desodoards; portr. *Paris*, 1801, in-18, 9 vol., d.-r.

444. Révolution française. Table alphabétique du Moniteur, depuis 1787 jusqu'à l'an xiii (1799), publiée par Girardin. *Paris*, 1802, 7 vol. in-4, br.

445. Histoire de France depuis la mort de Louis xvi, jusqu'au traité de paix de 1815, par M. Gallais. *Paris*, 1819, in-8, pap. vél., 2 vol., v. rac., fil. — Histoire du xviii brumaire, par le même. *Paris*, 1814, in-8, 2 part. 1 vol., d.-r.

446. Histoire de Marie-Antoinette, par Montjoye. *Paris*, 1814, 2 vol. in-8, d.-r — Dernières années du règne et de la vie de Louis xvi, par Hue. *Paris*, 1814, portr., gr. in-8, v. rac. — C. C. Tacite, historien du roi, de madame, de Buonaparte, de la charte, des fédérés, etc., avec une version française. *Paris*, 1815, in-8, d.-r.

447. Histoire de la conjuration de Louis-Phil.-Jos. d'Orléans, surnommé Egalité (par Montjoye); portrait. *Paris*, 1796, in-8, 3 vol., d.-r. — Histoire de la conjuration de Robespierre (par Montjoye). *Lausanne*, 1795, in-8, d.-r.

448. Histoire secrète du tribunal révolutionnaire, par de Proussinalle. *Paris*, 1815, 2 vol. in-8, d.-r. — Liste comparative des cinq appels nominaux, sur le procès et le jugement de Louis xvi. *Paris*, 1793, in-8, d.-r. — Anecdotes secrètes sur le xviii fructidor, ou nouveaux mémoires des déportés à la Guiane. *Paris*, (1798), in-8, d.-r.

449. Histoire du directoire exécutif. *Paris*, 1801, in-8, 2 vol., d.-r. — Mémoires sur la convention et le directoire, par A. C. Thibaudeau. *Paris*, 1824, in-8, 2 vol., d.-r. Souvenirs sur Mirabeau et sur les deux premières assemblées législatives, par Et. Dumont (de Genève,) publiés par M. J. L. Duval. *Paris*, 1832, in-8, pap. vél., d.-r.

450. Mémoires anecdotiques pour servir à l'histoire de la révolution française; par Lombard de Langres. *Paris*, 1823, in-8. 2 tom. 1 vol., d.-r. — Mémoires de Jos. Fouché, duc d'Otrante, ministre de la police générale; portrait. *Paris*, 1824, in-8, d.-r. — Mémoires secrets de J. G. de Montgaillard, pendant son émigration, par de Montgaillard. — *Paris*, 1884, in-8, d.-r. — Révélations puisées dans les cartons des comités de salut public et de sûreté générale, ou mémoires de Sénart, publié par Alexis Dumesnil. *Paris*, 1824, in-8, d.-rel.

451. Histoire de la guerre entre la France et l'Espagne, pendant 1793-1794, et partie de 1795, par Louis de Marcillac. *Paris*, 1808, in-8, d.-r. — Campagne du duc de Brunswick contre les Français en 1792, par Desrenaudes. *Paris*, 1795, in-8, d.-r. — Précis des opérations générales de la division française du Levant, en 1797, 1798 et 1799; par J. P. Bellaire. *Paris*, 1805, in-8, bas. éc. — Les Campagnes du Portugal en 1808 et 1811. *Paris*, 1814, in-8, d.-r.

452. Mém. pour servir à l'histoire des expéditions en Egypte et en Syrie, par J. Miot. *Paris*, 1814, in-8, bas. rac. — Fuite de Buonaparte de l'Egypte, pièces authentiques sur sa désertion, et de plusieurs lettres interceptées par la corvette de S. M. Britannique. *El Vincejo, Paris*, 1814, in-8, d.-r.

453. Histoire secrète du cabinet de Buonaparte et de la cour de Saint-Cloud; par Goldsmith. *Lond.-Paris*, 1814, 2 vol. in-8, d.-r. — Le moniteur secret. *Lond.-Paris*, 1814, 2 vol. in-8, d.-r. — Histoire générale des Prisons sous le règne de Buonaparte. *Paris*, 1814, in-8, d.-r.

454. Histoire de la campagne de 1814, par de Beauchamp.

Paris, 1815, in-8, 2 vol., d.-r. — Campagne de Paris, en 1814, par Giraud. *Paris*, 1814, in-8, d.-r.

455. Itinéraire de Buonaparte, depuis son départ de Doulevent, jusqu'à son embarquement à Fréjus, le 29 avril. *Paris*, 1814, in-8, d.-r. — Itinéraire de Buonaparte, de l'île d'Elbe à l'île Sainte-Hélène. *Paris*, 1816, in-8, d.-r. — Letters written on board his majesty's ship the Northumberland, and at Saint-Helena, by W. Warden. *Lond.* 1816. = Extrait des lettres écrites pendant la traversée de Spithead à Sainte-Hélène. *Paris*, 1817, in-8, 2 tomes en 1 vol., v. rac., fil.

456. Essais historiq. sur Paris, de M. de Saint-Foix, portr. *Paris*, 1776, 1777, 7 vol. in-12, bas. rac. — Description de la basilique métropolitaine de Paris, par M. Gilbert. *Paris*, 1821, in-8, cart. — Notices sur l'hôtel de Cluny et sur le palais des Thermes. *Paris*, 1834, gr. in-8, pap. vél., d.-r.

457. Nouvelle description des châteaux et parcs de Versailles et de Marly; par Piganiol de la Force, fig. *Paris*, 1764, in-12, 2 vol., v. m. — Le Guide du voyageur à Fontainebleau, ou nouvelle description historique de cette ville, par Ch. Renard. *Paris*, 1820, in-12, br. — Histoire de la ville et du château de Saint-Germain-en-Laye (par Abel Goujon). *Saint-Germain*, 1829, in-8, d.-r.

458. Histoire des antiquités, et description de la ville et du port du Hâvre de Grace, par l'abbé Pleuvry, *Hâvre*, 1796. pet. in-8, cart. fil. — Recherches sur les anciens châteaux du département de la Manche, par M. de Gerville. *Caen*, 1825-1830, 4 mémoires en 1 vol. in-8, bas. porph. — Annuaire des cinq départemens de l'ancienne Normandie, 1835, 1re année. *Caen*, 1834, in-8, bas. porph. — Éloge des Normands, ou histoire abrégée des grands hommes de cette province (par Dom le Cerf). *Paris*, 1748, in-12, 2 parties, 1 vol., d.-r.

459. Histoire de la Flandre, depuis le comte Gui de Dampierre, jusqu'aux ducs de Bourgogne, 1280-1383, par Jules Van Praet. *Brux.*, 1828, in-8. bas. rac. — Annales civiles et religieuses d'Yvois-Carignan et de Mouzon; par Ch. Jos. Delahaut, publiées avec des augmentations et corrections, par M. Lécuy. *Paris*, 1812, in-8, d.-r.

460. Histoire des Suisses ou Helvétiens, par P. H. Mallet. *Genève*, 1803, in-8, 4 vol., d.-r. — Histoire de la Confédération helvétique, par And. Louis de Watteville. *Berne*,

1754, pet. in-8, 2 tom. 1 vol., v. m. — Histoire naturelle des glacières de Suisse, trad, de l'allemand de Grouner, par M. de Keralio. *Paris*, 1770, in-4, v. m., fil.

461. Les Délices de l'Italie, par de Rogissard et H*** (Havard). *Amst. (Paris)*, 1743, in-2, 4 vol., v. m.

462. Histoire de la monarchie des Goths en Italie, par J. Naudet. *Paris*, 1811, in-8, pap. vél., bas. rac. — État civil et politique de l'Italie sous la domination des Goths, par Wil. Th. V. Tone. *Paris*, 1813, in-4, cart. — Observ. sur l'Italie et sur les Italiens, par Grosley. *Lond. (Paris)*, 1770. ═ Les Italiens, trad. de l'anglais de Baretty (par Fréville). *Genève-Paris*, 1773, in-12, les 2 articles 5 vol. in-12, v. m.

463. Roma sacra e moderna di Franc. Posterla. *Roma*, 1707, fig., in-8, vél. — Il forestiere istrutto nelle cose pui rare di Vicenza. *Vicenza*, 1804, fig., in-8, v. rac., fil.

464. Fr. Thomæ Fazelli de Rebus Siculis decades duxe, nunc primum in lucem editæ. *Panormi*, 1560, in-fol., v. rac.

465. Mém. pour servir à l'histoire des dernières révolutions de Naples recueillis par B. N***. *Paris*, 1803, in-8, rel. en cart., fil. — Histoire du gouvernement de Venise (par Amelot de la Houssaie). *Paris*, 1685, in-8, 3 vol., d.-r. — Description de Messine. *Paris*, 1783, in-4, cart. — Mémoire sur les iles ponces, et catalogue raisonné des produits de l'Etna, par Deodat de Dolomieu. *Paris*, 1788, fig., in-8, bas. m.

466. Histoire de l'avénement de la maison de Bourbon au trône d'Espagne; par Targe. *Paris*, 1772, in-12, 6 vol., v. m.

467. Letters concerning the Spanish nation, by Ed. Clarke. *London*, 1763, in-4, v. m.

468. Les Communeros, chronique castillane du xvᵉ siècle, d'après l'histoire inédite de Pédro de Alcoger, par Henri Ternaux. *Paris*, 1834, in-8, br. ═ Précis historique de l'origine et des progrès de la rébellion d'Espagne, par M. C***, trad. de l'espagnol par M. de M***. *Paris*, 1823, in-8, br. — Histoire de la guerre d'Espagne et de Portugal de 1807 à 1814, par Sarrazin. *Paris*, 1814, in-8, d.-r.

469. Tableau de l'Espagne moderne, par J. Fr. Bourgoing. *Paris*, 1797, in-8, 3 vol., d.-r. — Introduction à l'histoire naturelle et à la géographie physique de l'Espagne, trad. de l'espagnol de Guill. Bowles, par de Flavigny. *Paris*, 1776, in-8, bas rac.

470. Historia de Portugal restaurado, escrita por D. Luiz de Meneses. *Lisboa*, 1761-59, gr. in-8, 4 vol., rel. en cart., fil.

471. Lettres sur le Portugal, par H. Ranque. *Paris*, (s. d.), in-8, d.-r. — Tableau de Lisbonne, en 1796. *Paris*, 1797, in-8, rel. en cart., fil.

472. Lettres sur les Anglais et les Français (par le comte de Muralt) Sans nom de lieu. *Cologne*) 1728, 2 tom. 1 vol. in-12, v. br. — Histoire des singularités d'Angleterre, d'Ecosse, et du pays de Galles, traduit de l'anglais de Childrey, par M. P. B. (Briot), fig. *Paris*, 1667, in-12, v. br. — Panorama d'Angleterre, par Ch. Malo, fig. *Paris*, 1817, 2 vol. in-8, d.-rel.

473. A New history of Great Britain, by John Adams. *London*, 1802, pet. in-8, bas. j. — An historical survey of the foreign affairs of Great Britain; by Gould Francis Leckie. *London*, 1810, in-8, bas. rac. — Précis historique de la compagnie anglaise aux Indes orientales; traduit de l'anglais de M. Colquhoun, par M. R. *Paris*, 1815, in-8, d.-r.

474. Martyre de la reine d'Écosse, douarière de France (par Adam Blackwood). *Edimb.*, 1587, in-8, d.-r.

475. The pearage on the united Kingdom of Great Britain et Ireland; by John Debrett. *London*, 1814, fig., in-8. format carré, rel. angl., v. j.

476. The picture of London, with a collection of appropriate tables two large maps and varions other engravings. *London*, 1815, pet. in-12, bas. j. — A new description of all the direct and principal Cross roads in England and Wales, by Paterson. *London*, 1794. = A Guide to the lakes, in Cumberland, Westemorland and Lancashire. *Lond.*, 1796, gr. in-8, et in-8, cart.

477. Les Délices du Brabant et de ses campagnes, par M. de Cantillon. *Amst.*, 1757, in-8, 4 vol., v. rac. — De la Hollande (par Parival). *La Haye*, 1710, in-12, 2 vol., v. br.

478. Le Guide d'Amsterdam. *Amst.*, 1772, in-8, fig., v. éc., fil. — Le Guide d'Amsterdam (par Jean Covens et fils). *Amst.*, 1795, gr. in-8, d.-r. — Les délices de Leyde (par P^{re} Vauder Aa). *Leide*, 1712, pet. in-8, v. m., fil.

479. Apperçu statistique des Etats d'Allemagne, par Jean Daniel Albert Hoeck, publié en français par Adrien Duquesnoy. *Paris*, 1801, gr. in-fol., d.-r. — Le Royaume de Westphalie, Jérome Bonaparte, sa cour, ses favoris, et ses mi-

nistres, par un témoin oculaire (Aubert de Vitry). *Paris*, 1820, in-8, bas. rac.

Notes marginales à l'encre et au crayon, servant de clef.

480. Mémoires authentiques et intéressans des comtes de Struen et Brandt. *Lond.* (*Paris*), 1789, in-8, bas. jas. — Histoire de la dernière révolution de Suède, trad. de l'anglais de Ch. Fr. Sheridan. *Lond.* (*Paris*), 1785, in-8, v. m. — Caractères et anecdotes de la cour de Suède. *Paris*, 1792, en cart., fil. in-8, rel.

481. Histoire de Gustave III, roi de Suède, par le chevalier d'Aguila. *Paris*, 1815, 2 vol., in-8, d.-r. — Histoire de l'assassinat de Gustave III. *Paris*, 1802, in-8, bas. rac.

482. État présent du Danemarc, par M. de Molesworth. *Paris*, 1715, pet. in-8, vélin. — Lettres sur le Dannemarc (par Roger). *Genève*, 1757, in-8, v. m., fil. — Mém. sur les révolutions arrivées en Danemarck et en Suède, 1770, 71 et 72, par l'abbé Roman. *Paris*, 1887, in-8, bas. rac.

483. Tableau des états danois, par Cattau, avec une carte. *Paris*, 1802, in-8, 5 vol., d.-r. — Tableau de la Mer Baltique, par le même. *Paris*, 1812, in-8, 2 vol. d.-r.

484. Mémoires secrets sur la Russie et particulièrement sur la fin du règne de Catherine II (par Masson). *Paris*, 1800, in-8, 2 vol., bas. rac. — Hist. et anecdotes de la révolution de Russie, en l'année 1762 (par de Rhulières). *Paris*, 1797, in-8, pap. vél., cart. — Pierre-le-Grand, par Ch. Denina, traduit (de l'italien) par **J. F. André** (des Vosges). *Paris*, 1809, in-8, bas. rac.

486. An essay on certain points of ressemblance between the ancient and modern Greeks, by Fred. Sylv. North Douglas. *Lond.*, 1813, gr. in-8, cart.

487. Lascaris, ou les Grecs du XVe siècle, suivi d'un essai historique sur l'état des Grecs, depuis la conquête musulmane, jusqu'à nos jours, par M. Villemain. *Paris*, 1825, in-8, br.

488. Anastase, ou mém. d'un Grec, écrits à la fin du XVIIIe siècle, traduit de l'anglais par l'auteur de Londres en 1819 (Fauconpré), avec une carte de l'empire Ottoman. *Paris*, 1820, in-8, 2 vol., d.-r.

489. Tableau du commerce de la Grèce, depuis 1787, jusqu'en 1797 ; par Félix Beaujour. *Paris*, 1800, in-8, 2 vol., cart. — Histoire des événemens de la Grèce, depuis les premiers troubles, par C. D. Raffenel, carte. *Paris*, 1822, in-8,

d.-r. — Histoire de Missolonghi, par M. Auguste Fabre. *Paris*, 1827, in-8, d.-r.

490. Proceedings in Parga and the Ionian Islands, with a series of correspondence and other justificatory documents, by C. P. de Bosset, map. *Lond.*, 1819, gr. in-8, pap., cart. angl. — Parga and the Ionan Islands, by C. P. de Bosset. *Lond.*, 1822, gr. in-8, cart.

491. Histoire de l'emp. Ottoman; par M. Mignot. *Paris*, 1771, 4 vol. in-12, v. m.

492. Tableau général de l'empire Ottoman; dessiné par Moreau le jeune, et gravé par J. B. Simonet. *Paris*, 1787, in-fol., atlas, cartonné.

493. Etat actuel de l'empire Ottoman; par Elias Abesci, traduit de l'anglais par Fontanelle. *Paris*, 1792, in-8, 2 vol., d.-r.

494. Tableau historique, politique et moderne de l'empire Ottoman; par Will. Eton, traduit de l'anglais par Lefebvre. *Paris*, 1799, 2 vol. in-8, v. rac.

495. Etat actuel de la Turquie, par T. Thornton, traduit de l'anglais par de S****. *Paris*, 1812, in-8, 2 vol., bas. rac.

496. Mémoirs relating to European and Asiatic Turkey; edited from manuscript journals, by Robert Walpole. *London*, 1817, cart. et fig., gr. in-4, v. rac., fil.

497. Observations sur la religion, les loix, le gouvernement et les mœurs des Turcs, traduit de l'anglais (de M. Porter, ministre anglais à Constantinople); par M. B**** (Bergier, frère du théologien). *Paris*, 1769, p. in-8, 2 p. 1 vol., d.-r. — Mem. du Baron de Tott sur les Turcs et les Tartares. *Amst.* (*Paris*), 1785. = Essai de géographie, de politique et d'histoire sur les possess. de l'empire des Turcs en Europe (par le chevalier du Vernois), pour servir de suite aux mém. de Tott. *Lond.*, *Paris*, 1785. = Journal d'un officier de l'armée navale en Amérique, en 1781 et 82. *Amst.* 1782, 6 tom. 3 vol. in-8, v. éc.

498. Descrizione dello stato presente di Constantinopoli da Cosino Comidas de Carbognano. *Bassano*, 1795, in-4, fig., d.-r. — Constantinople anc. et mod., par Jacq. Dallaway, traduit de l'anglais par And. Morellet. *Paris*, 1799, in-8, 2 vol., v. éc.

499. Mém. sur l'observatoire de Méragah et sur quelques instrumens employés pour y observer, suivi d'une notice sur la vie et les ouvrages de Nassyr-Eddyn, par A. Jourdan.

Paris, 1810. == Notice historique sur Aboul Feda et ses ouvrages, par Am. Jourdan. Le tout traduit des auteurs arabes et persans ; in-8, 2 pièces, 1 vol., cart.

500. Histoire de la guerre entre la Russie et la Turquie, et particulièrement de la campagne de 1769 (par de Keralis). *Saint Pétersbourg (Amst.)*, 1773, in-8, v. m. — Histoire de la Moldavie et de la Valachie, par M. C. (Caria). *Neuchâtel*, 1781, in-12, v. m. — Révolution de Constantinople en 1807 et 1808, par A. de Juchereau. *Paris*, 1819, 2 vol. in-8, d.-r.

501. Traité du commerce de la Mer Noire, par de Peyssonnel. *Paris*, 1797, in-8, 2 vol., v. rac. — Essai sur le commerce et la navigation de la Mer Noire ; par M. Anthoine, de Saint Joseph. *Paris*, 1820, in-8, rel. en carton.

502. An historical disquisition concerning the Knowledge which the ancients had of India, with an appendix, by W. Robertson. *Basil.*, 1792, cartes, in-8, v. rac. — Essai sur les isles Fortunées et l'antique Atlantide ; par Bory de Saint-Vincent. *Paris*, 1803, in-4, bas. rac. fil.

503. Recherches philosophiques sur les Egyptiens et les Chinois, et sur les Grecs, par M. de P**** (Pauw). *Berlin*, 1773, et 1788, in-12, 4 vol., d.-r., et v. rac.

504. Recherches asiatiques, traduit de l'anglais par A. Labaume. *Paris*, 1805, 2 vol. in-4, fig., v. rac.

505. Choix des lettres édifiantes, par M****. *Paris*, 1800, in-8, 8 vol., d.-r.

506. Description de l'Indostan ; par Rennell, traduit de l'anglais par J. B. Boucheseiche. *Paris*, 1800, in-8, 3 vol., et atlas in-4, bas. rac.

507. Description de Peking, par de L'isle et Pingré, avec le plan et des fig. *Paris*, 1765, in-4, d.-r. — Description du royaume de Macaçar (par Nic Gervaise.) *Ratisbonne*, 1700, in-12, v. m. — Essai sur les troubles actuels de Perse et de Géorgie ; par M. de P**** (Peyssonnel). *Paris*, 1754, p. in-8, v. m. fil.

508. Traicté des Tartares, de leur origine, pays, peuples, mœurs, religion, guerres, conquestes, empire et son estenduë, etc, par Pierre Bergeron. *Paris*, 1634, p. in-8, v. jas. — Histoire de l'Afrique et de l'Espagne, sous la domination des Arabes ; par Cardonne. *Paris*, 1765, 3 vol. in-12, v. m.

509. Histoire chevaleresque de Maures de Grenade, traduite

de l'espagnol de Ginès Pérez de Hita , précédée de quelques
réflexions sur les Musulmans d'Espagne, avec des notes historiques et littéraires; par A. M. Sané. *Paris*, 1809, in-8,
2 vol., d.-r. — Justa expulsio de los Moriscos de Espana :
del M. F. Damian Fonseca. *Roma*, 1612, in-8, bas. rac. —
Esquisse de l'état d'Alger, par Will. Shaler, traduit de
l'anglais par M. X Bianchi, avec un plan d'Alger. *Paris*,
1830, in-8, d.-r. — Aperçu historique, statistique sur
l'état d'Alger, rédigé au dépôt général de la guerre. *Paris*,
1830, in-8, et atlas in-4, d.-rel.

511. Histoire de l'expédition française en Egypte; par P. Mar-
tin. *Paris*, 1815, in-8, pap. vél., 2 vol. bas. rac. — Description des pyramides de Ghize, de la ville du Kaire et de
ses environs; par J. Grobert. *Paris*, 1801, fig. et cart.
in-4, d.-r.

512. Essai sur la population de l'Amérique; par E. B. d'E.
(Bailly d'Engel). *Amst,*, 1767, in-12, 5 tom. 4 vol., v.
porf., fil. — Des colonies et de la révolution actuelle de
l'Amérique, par M. de Pradt. *Paris,* 1817, in-8, 2 vol. cart.

513. Tracts relative to the island of Saint-Helena, by Beat-
son; with views engraved, by William Daniell. *London*,
1816, gr. in-4, bas. rac.

514. Tractatus historico-geographicus quo Ulissem et Outinum
unum eundemque esse ostenditur, et ex collatis inter se
Odyssea Homeri et Edda Island homerizante, Outini frau-
des deteguntur, ac, detracta larva, in lucem protrahitur Ulis-
ses; auth. Jona Ramo, cum tabella geograph. *Hafniæ*,
1716, p. in-8, vél. — Palæphati de incredibilibus (gr.),
cum interp. latina Cornelii Tollii, et annotationibus Mar-
tini Brunnerii , denuo recensuit et animadv , novas insper-
sit, nec non Doctrinas morales. *Francof,* 1686, p. in-8, 2
tom. 1 vol., v. fau.

515. Biographie moderne, ou galerie historique contenant les
portaits politiques des Français de l'un et l'autre sexe morts ou
vivans, qui se sont rendus célèbres depuis le commence-
ment de la Révolution. *Paris*, 1815, in-8, 2 vol., bas. rac.—
Biographie des députés, précédée d'une introduction et
d'une notice sur le nouveau ministère. *Paris*, 1828, in-8,
d.-r. — Petite Biographie conventionnelle, suivit du résultat
des votes dans le procès de Louis XVI. *Paris*, 1815, fig.,
in-12, d.-rel.

516. Dictionnaire des Girouettes, ou nos contemporains peints d'après eux-mêmes, orné d'une fig. *Paris*, 1815, in-8, d.-r.

517. Biographie des quarante de l'académie française. *Paris*, 1826, in-8, d.-rel. — Martyrologe littéraire, ou dictionnaire critique de 700 auteurs vivans, par un hermite qui n'est pas mort. *Paris*, 1816, in-8, d.-r. — Eloges historiques composés pour la société médicale de Paris, suivis d'un Discours sur les rapports de la médecine avec les sciences physiques et morales; par J. L. Alibert. *Paris*, 1806, in-8, d.-r.

518. Caractères des poètes allemands depuis Charlemagne. *Berlin*, 1781, 2 vol. pet. in-8, v. rac. — A biographical dictionnary of the living authors of Great Britain and Ireland. *London*, 1816, gr. in-8, v. rac., r. angl.

519. Notice des ouvrages de Danville, précédée de son éloge, par M. Dacier. *Paris*, 1802, in-8, cart., pap. bl., fil. (Don à M. Le Chevalier, par J. D. Barbié du Boccage, avec sa signature autographe). — Pétrarque à Vaucluse (par l'abbé Arnavon.) *Paris*, 1804, in-8, rel. en cart. — Vies de Milton et d'Addisson; trad. de Sam. Johnson. *Paris*, 1805, in-18, 2 vol., rel. en pap., mar. r., dent. — Memoria Christ. Gottlob Heynii commendata, ab Arn. Herm. Lud. Heeren. *Gottingæ*, 1812, in-4, d.-r.

520. Memoirs of sir James Campbell, of ardkinglas, written by Himselff. *Lond.*, 1832, gr. in-8, portr., pap. vél., cart. angl. — Essai historique sur le docteur Swift. *Paris*, 1808, port., in-4, v. rac.

521. Monde primitif, analysé et comparé avec le monde moderne, considéré dans l'histoire du calendrier ou almanach, avec fig.; par Court de Gebelin. *Paris*, 1786, in-4., d.-r.

522. Remarques sur les âges d'or, d'argent, d'airain et de fer des anciens poètes, et sur la découverte et l'invention des métaux, par Géraud Graulhié. *Paris*, 1810, in-8, d.-r. — Essai sur la marine des anciens et particulièrement leurs vaisseaux de guerre, par Deslandes; fig. *Paris*, 1768, in-12, v. j. — Recherches sur la découverte de l'essence de rose, par L. Langlès. *Paris*, 1804, pet. in-12, pap. vél., rel. en cart., fil.

523. Le génie de la révolution considéré dans l'éducation (par Ferri de S. Constant.) *Paris*, 1817-18, in-8, 4 vol., d.-rel.

524. De la littérature des Hébreux, ou des livres saints considé-

rés sous le rapport des beautés littéraires, par J.-B. Salgues.
Paris, 1825, in-8, d.-r. — Histoire abrégée de la littérature
grecque, depuis son origine jusqu'à la prise de Constantinople par les Turcs, par F. Schœll. *Paris*, 1813, in-8,
2 vol., bas. rac.

525. Histoire abrégée de la littérature romaine, par F. Schœll.
Paris, 1815, 4 vol. in-8, v. rac.

526. De la littérature des Turcs, par l'abbé Toderini; trad. de
l'ital. en franç. par l'abbé de Cournand. *Paris*, 1789, in-8,
3 vol. cart., fil.

527. Voyage bibliographique et pittoresque en France, par
Th. Frognall Dibbin, trad. de l'angl., avec des notes, par
Théod. Licquet; fig. en bois. *Paris*, 1825, in-8, 4 vol., d.-r.

528. Lettre trentième, concernant l'imprimerie et la librairie
de Paris, trad. de l'angl., avec des notes, par G. A. Crape-
let. *Paris*, 1821, in-8, gr. pap. vél., cart.

529. Dictionnaire bibliographique, historique et critique des
livres rares, etc. (par l'abbé Duclos.) = Supplément (par
Brunet fils.) *Paris*, 1802, 4 vol in-8, v. rac.

530. Dictionnaire raisonné de bibliologie et supplément,
par G. Peignot. *Paris*, 1802-1804, in-8, 3 vol., bas. rac., fil.

531. Manuel du libraire et de l'amateur de livres, par Jacq.·
Ch. Brunet fils. *Paris*, 1814, in-8, 4 vol., v. rac.

532. Dictionnaire des ouvrages anonymes et pseudonymes,
composés, traduits ou publiés en français, accompagné de
notes historiques et critiques, par Ant. Alex. Barbier. *Paris*,
1806-1808, in-8, 4 vol., v. rac.

533. Dictionnaire bibliographique choisi du xve siècle, par de
la Serna, Santander. *Brux.-Paris*, 1805, in-8, 3 vol., v.
f., fil.

534. Bibliographie instructive, par Guill.-Fr. de Bure. *Paris*,
1763-1768, 7 vol. in-8, v. rac. — Catalogue des livres de
la bibliothèque du duc de la Vallière, 1re partie rédigée par
Guill. de Bure. *Paris*, 1783, 3 vol. in-8, v. rac.

535. Essai historique sur la bibliothèque du roi (par Le-
prince.) *Paris*, 1782, pet. in-12, d.-r. *Rare*.

536. Catalogue des livres imprimés sur vélin, de la bibliothèque du roi (par Van Praet.) *Paris*, 1822, gr. in-8, 5 tom.,
4 vol., v. porph. — Catalogue des livres imprimés sur vélin, qui se trouvent dans les bibliothèques tant publiques
que particulières. *Paris*, 1824, 6 vol., gr. in 8, br.

> Le 5me vol. manque.

537. Inventaire ou catalogue des livres de l'ancienne bibliothèque du Louvre, fait en l'année 1373, par Gilles Mallet, avec des notes historiques et critiques (par M. Van-Praet). *Paris*, 1836, gr. in-8, 2 vol., cart. à la Bradel. — Notice sur Colard Mansion, impr de la ville de Bruges en Flandre, dans le xve siècle (par M. Van Praet). *Paris*, 1829, in-8, gr, pap. vél., cart.

538. Catalogue de livres rares et recherchés. In-4, veau. rac. roul.

> Manuscrit mod. in-4, belle écriture, et notes bibliographiques à presque tous les articles.

539. Catalogues manuscrits des livres in fol. et des in-4, des lettres A à Z, de la bibliothèque de Sainte-Genviiève; 2 vol. in-4, v. rac., et d.-r.

540. Catalogue des livres rares et précieux de la bibliothèque de M. le comte de Mac-Carthy Reag. *Paris*, 1815, 2 vol. in-8, bas. rac.

541. Catalogues des bibliothèques de l'Héritier, Lalande, Larcher, Clavier, Paignon, Dijonval, Morel de Vindé, de Chardin, de Langlès, de Duriez, etc.

542. Palæphati de incredibilibus (gr.-lat.) edidit, notasq. et geminum indicem adjecit Mart. Brunnerus. *Upsal.*, 1663. = Les amours de Léandre et de Héro, poème de Musée le Gramm., trad. du grec en français, avec le texte (par Laporte Dutheil.) *Paris*, 1784, pet. in-8, 2 tom., 1 vol., v. m.

543. Nouveaux mélanges historiques et littéraires, par M. Villemain. *Paris*, 1827, portr., in-8, d.-rel. — Mélanges d'une petite bibliothèque, ou variétés littéraires et philosophiques, par Ch. Nodier. *Paris*, 1829, in-8, bas. porf.

544. Ulysse-Homère, ou du véritable auteur de l'Iliade et de l'Odyssée, par Constantin Koliades (M. Le Chevalier). *Paris*, *Debure*, 1829, in-fol., fig., pap. vél., br. en cart.

INSTRUMENS D'ASTRONOMIE

ET AUTRES.

1. Équatorial dans sa boite.
2. Une grande lunette de Dollond sur son trépied en bois, à quatre oculaires de rechange, et sa boîte d'acajou.
3. Un cercle répétiteur de Borda.
4. Un cercle de réflexion de Baradelle.
5. Niveau à bulle d'air et à lunette, de Lenoir.
6. Boussole à pinnules et lunette, de Lenoir.
7. Petit quart de cercle, dans une boîte de cuir.
8. Une règle d'acier, divisée, longue de 95 centimètres.
9. Un déclinatoire sur marbre.
10. Un mètre en cuivre, de Lenoir, dans sa boîte.
11. Lunette de nuit.
12. Allidade en cuivre, dans sa boîte.
13. Un cadran solaire en marbre, avec deux niveaux.
14. Équerre d'arpenteur, avec étui de buis, chaînes et piquets.
15. Horizon artificiel en verre, fiole divisée, et boîte.
16. Un horizon artificiel à mercure, et sa boîte en acajou.
17. Niveau à bulle d'air, de 9 p°.
18 Un mètre-canne, bois des îles, et garnitures acier et cuivre.
19. Un grand rapporteur à allidade, en cuivre, et étui.
20. Un boîte de grand compas, et accessoires.
21. Deux grandes mires d'une toise, avec voyant.
22. Un prisme, pour démontrer les trois parties intégrantes d'un objectif achromatique.
23. Un pied de lunette en cuivre.
24. Un petit pied d'instrument.
25. Un petit sextant de Ramsden, dans sa boîte.
26. Une lunette de Rochon, pour mesurer les distances, avec son pied en cuivre, garni de deux niveaux.
27. Un micromètre de Hautpois, applicable à une lunette.
28. Un micromètre de longue vue et trois oculaires astronomiques.

29. Une pendule de Morel.
30. Un compteur de Lepaute.
31. Une lunette méridienne, dans sa boîte de cuir, avec ses supports fer et cuivre, et un niveau.
32. Un pantographe dans sa boîte.
33. Un compas à arc de cercle, et une aiguille aimantée.
34. Deux globes d'un pied de diamètre.
35. Deux étuis de mathématiques dans leur boîte.
36. Une chambre obscure.
37. La géociclyque de Grannet.
38. Plusieurs échelles en cuivre.
39. Une triple équerre pour la gnomonique.
40. Lunette murale de Rochon.
41. Un horizon artificiel dans sa boîte.
42. Un sextant en ébène.
43. Une boussole à réflexion, dans sa boîte, par Schmalcalder, d'après le capitaine Kater.
44. Compas à verge.
45. Quatre règles à calcul, en buis.
46. Deux aplombs, et un troisième plus gros.

ORDRE DES VACATIONS.

———

1re Vac. *Mercredi 26 octobre 1836*.

Théologie, etc.	N^{os}	1— 35
Belles-Lettres.		240—294

2e Vac. *Jeudi 27*.

Belles-Lettres.	212—239
Histoire.	435—467
———	330—351

3e Vac. *Vendredi 28*.

Sciences et Arts.	82—128
Belles-Lettres.	292—329

4e Vac. *Samedi 29*.

Sciences et Arts.	130—162
Histoire.	388—434

5e Vac. *Lundi 1er Novembre*.

Sciences et Arts.	163—196
Histoire.	468—514

6e Vac. *Mardi 2*.

Histoire.	515—543
———	352—387
———	197—211

7e et dernière Vac. *Mercredi 3*.

Sciences et Arts.	56— 81
Instrumens.